キリスト教は役に立つか

来住英俊

新潮選書

はじめに

キリスト教の風光

私は一九五一年生まれですが、たぶん典型的な戦後日本の宗教風土の中で育ちました。兵庫県の地方都市にあった父の実家はいちおう臨済宗のお寺の檀家でしたが、法事をするくらいで、祖父も祖母もそれほど仏教というものがわかっていたとは思いません。子供のころ、夏休みに祖父の家を訪れての思い出は、蟬がミンミンと鳴く寺の木立の中のお墓、そして家屋の暗い一室に並べてあった位牌です。暗がりの中に揺れるローソクの灯りと、位牌の金文字が目に残っています。

父は神戸に出て来ていたので、普段はお寺とは没交渉でした。父が子供を連れて行ったのは、むしろ神社です。正月にはよく京都の北野天満宮に家族で行きました。教育熱心だったので、勉強がよく出来るようになって、（漠然としたイメージではあるけれど）ひとかどの人物になってほしいと思ったのでしょう。私が小学生中学生だったのは六〇年代です。「立身出世」という言葉がまだまったくの空語ではなかった時代です。

その私が三十歳になって、カトリック信者になりました。大学の法学部を卒業したあと、典型的な日本の大企業（電機系）に就職したのですが、いろいろ考えるところがあって、入社六年目、一九八一年に洗礼を受けました。そして、さらに一年在社したのち退職して、カトリックの神父への道を歩み始めました。六年間そのための勉強をしてから神父になって、もうすぐ三十年です。

今の私はカトリック信者になって良かったと思っています。大胆に言うと、より幸福になりました。その「幸福」を、できるだけ宗教的な語彙を使わずに、世俗に近い言葉で話してみる。それがこの本の執筆趣旨です。皆がキリスト者（キリスト教の信者のこと）になるべきだとは思っていませんが、私にとって良かったことを「それは自分にも良いことかもしれない」「人生の役に立つかもしれない」と感じてくれる読者がいれば嬉しいと思っています。

キリスト教を唯我独尊、押し付けがましい宗教だと思っている人は多いようです。たしかにそのように振舞った時期があるので、まったくの誤解だとは言えない。しかし、現在のキリスト教の主潮はそうではありません。長い伝統を持つ他の宗教にも敬意を持っており、その宗教の道を歩いても良い人生を送ることができるだろうと考えています。とは言っても、良い人生というその「良さ」は宗教によってやはり違うはずです。「わけのぼる麓の道は多けれど同じ高嶺の月を見るかな」という歌があって、どの宗教も到達する場所は同じようなものだという考え方をする人もあります。しかし、どの宗教の道でも頂上にまで達したと言える人はそういないはずだし、まして複数の道を登り切った人がいるとは思えません。同じ高嶺の月を見たとどうして言えるのか、ちょっと不思議です。それに、宗教は現実に地上を生きている人たちの営みですから、その実体は到達点よりも、実際に歩く道の風光の中にあります。歩く道の風光の中に、いつか到達するはずの頂上の美しさを予感するとも言えるでしょう。キリスト者の歩く道の風光を、本書で紹介したいと思います。

キリスト教信仰の要約

哲学者のフィヒテが言ったことだそうですが、「定式化するということは、人間が人間に対してする最大の親切の一つである」。思想とか宗教とか文学について言われた格言でしょう。ジャン・ギットンがさらにそれに注釈して、こう書いています。

それは知恵のしみとおった定式でなくてはならず、知恵のはたらきを少しもやめないでいて固定する定式でなくてはならない。

（J・ギットン『新しい思考術』中央出版社）

世の中には価値のあるもの（そう主張されているもの）がたくさんありますが、それを全部片っ端から自分で品定めしていくことなんかできません。しかし、誰かに「ポイントはこういうことなんだ」と定式的に要約してもらえると、それじゃ門を入ってみようかという気になることがあります。そしてその要約は、さらに深く入って行くための導きの糸にもなります。つまり、要約の中のあるフレーズをさらに展開するという形で理解を深めていくと、迷子にならずにすみそうです。それをキリスト教信仰についてやってみました。私はこう要約します。

キリスト教信仰を生きるとは、正しい教えに従い、立派な人物の模範に倣うことではない。キリスト教信仰を生きるとは、人となった神、イエス・キリストと、人生の悩み・喜び・疑問を語り合いながら、ともに旅路を歩むことである。

その旅路の終着点は、「神の国」と呼ばれる。

キリスト教は長い歴史を持ち、広大な地域に広がる思想的社会的運動ですから、一つの要約でその全体を網羅することはとてもできません。たとえば、キリスト教とは、「神の子が十字架上で死ぬことによって人類の罪を贖《あがな》った」と信じる宗教だと聞いている人もあるでしょう。それはそれで間違いではないのですが、日本人にとってのキリスト教信仰への入り口としては適切でないと思うので、私の要約の中ではクローズアップされていません。「神と人がともに旅路を歩む」の中に含ませているつもりです。

私は現代の日本人がキリスト教についていくらか知ろうとするなら、この要約を入り口にするのが最もよいと考えています。人間がこの地上を生きることの最も深い充実は、「一対一」の関係性を深めることの中に見出せると思うからです。本書では、この要約を、手を変え、品を変えして展開していきます。もちろん、別の要約の仕方のほうが適している人もあることは承知です。

映画やドラマのパターンの一つであるロードムービー（Road Movie）を考えてもらうと、「語り合いながら、ともに旅路を歩む」ということのある程度のイメージがつかめると思います。

ある事情があって、二人が旅をはじめます。一人で出発して、途中で相棒に出会うこともあるし、最初から二人のこともあります。ロードムービーはアメリカ映画に多いですが、西海岸から東海岸までとか、長い旅をします。だいたい自動車に乗って旅をしています。その途中でいろんなことが起こる。旅に出るということは、人生について何か割り切れないものを抱えているということなんですが、一緒に旅をしながら、事件が起こって考えさせられたり、あるいは人と出会って話をしたりする。その中で、どうしても割り切れなかったものが少しずつ解きほぐされていって、出口が見え始める。同時に旅路もどこかに到着します。これがロードムービーです。

日本で最も有名なロードムービーは、高倉健が主演した『幸福《しあわせ》の黄色いハンカチ』です。殺人罪を犯して刑務所に入っていた中年男が、妻の住む家に向かって旅をします。受け入れてもらえるかどうか、不安です。途中で若いカップルと出会って、一緒に旅をすることになります。未熟な二人ですが、彼らと交流することで、中年男も少しずつ心が変わってくる。若い二人も人生の辛苦を額に刻んだ中年男と交流するうちに少し成長していく。そしていつしか、目的地、つまり妻の住む家に到着する。エンディングはもちろん幸福な再会です。

「ロードムービーに外れなし」と言いたいくらい、どの作品をとってもそれなりに良いという気がします。人生の根源的なパターンを踏まえているからでしょうね。普通に会社や家でずっと暮らしていても、人生は旅路であると考えることができます。そこには旅路の友というものがある。そして旅路には目的地があるということです。ロードムービーは、もともと日本にはない発想です。弥次喜多道中で人生は変わらない。キリスト教信仰と結びついた人生の見方だと思います。キリスト者にとって、旅の道連れはイエス・キリスト自身です。

神と人間を類比的に考える

本書では、「人と人が一緒に旅路を歩む」ということについて、いくらかの自己啓発的な知恵も提供したいと思っています。ノン・クリスチャンの方々の参考にもなることを期待しているので、その根拠を述べておきます。

カトリック・キリスト教は、神について語ろうとするとき、人間との類比（アナロジー）を用います。人間の事情から推し量って、神の事情を理解して、それを語ろうとします。類比的思考の一つは属性に関わる類比です。「神は自由である」と言うなら、それは「人間は自由である」こととの類比で言っているのです。もちろん、神について言われる自由と、人間について言われる自由がまったく同じであるはずはありません。しかし、重なり合う部分が相当あるはずだと考えるのが、属性の類比的思考です。聖書によれば、人間は「神の似姿」として創造されたからです（創世記1章27節）。そこから出発して、どこが重なり合い、どこが違うのかを考察するという仕方で理解を深めていきます。考察といっても、安楽椅子に座って哲学的な思考をめぐらすだけではありません。人間社会の中で実際に自由を生きようとするのです。また、神との関係を生きようとします。本論で詳しく述べることですが、キリスト者にとって神との関係は、単なる理念ではなく、現実の関係です。そうする中で、「神の自由」と「人間の自由」を体得していきます。神の自由について理解が深まるだけでなく、そこからの照り返しで、人間が自由であるとはどういう意味かについての見方も深まります。

もう一つの類比的思考は、関係性に関するものです。神と人間のあいだの関係は、人間Aと人間Bのあいだの関係になぞらえて理解することができます。比例式にすると、こうなります。

神：人間＝人間A：人間B

人間と人間が一緒に歩む経験から、神と人間が一緒に歩むことについて理解を深めていきます。また一方で、キリスト者が神と共に歩んだ経験に支えられて、人間と人間が一緒に歩むことについての洞察を深めていきます。この循環の中で、キリスト者の生き方はスパイラル的に少しずつ深まっていくものです。そして、後者、つまりキリスト者が体得した「人と人が一緒に歩む」ことについての実践的な知恵は、キリスト教信仰を共有しない方にも何らかの参考になるのではないかと期待しています。

キリスト教は役に立つか　目次

第3章 「共に生きる」とはどういうことか――キリスト教の幸福論 171

キリスト教は役に立つか

第1章　キリスト教は役に立つか

1　キリスト教も現世利益を祈る

失くしものをして困ったときは、落ち着いて、目を閉じるの。そして、「アントニオさま」、「アントニオさま」、「アントニオさま」って、三度唱えるのよ。

（イタリアの母親が娘に教えた言葉）

パドヴァのアントニオ（一一九五～一二三一）はカトリック教会の聖人です。ポルトガルのリスボンに生まれ、誕生したばかりのフランシスコ修道会に入会し、北イタリアの町パドヴァで優れた説教者として名声を博しました。高名な神学者でもあったのですが、その華麗な業績とは別に、信者の日常生活、特に「失くしもの」をしたときの保護聖人（patron saint）として親しまれています。ただし、これは草の根から生まれた祈りで、教会が公式に認定するものではありません。

聖アントニオの他にも、カトリック教会の聖人の中には、特定の困難における保護聖人とされている人たちが大勢います。旅の安全を守ってくれる聖クリストフォロとか、眼病を癒してくれる聖ルチアとか、落雷から守ってくれる聖バルバラとか。イタリアでは、地元だけで親しまれている聖人もいて、聖人たちがそこらじゅうにいるという感覚があります。

ちなみにカトリックには多くの保護聖人がいると聞くと、それではもう多神教だという人がいますが、それは誤解です。多神教では、最高神はいるとしても神々同士のつながりは緩く、それぞれで活動しています。ギリシア神話のオリンポス諸神のようなものが多神教です。キリスト教の場合は、すべての聖人は神（イエス・キリスト）と明確なつながりを持っています。神を信じ、その道を歩みぬいたからこその聖人です。人間が聖人に願うのは、神に自分の願いを取り次いでもらうことです（intercession）。保護聖人たちはいわば願いの受付係です。もちろん、神に直接願ってもいいのですが、親しみのある聖人を通すほうが敷居が低い。すぐ近所に出張所があって、親戚のおじさんが受付デスクに座っているのに、必ず市役所本庁に行かなければならないということはありません。

さて、日本ではキリスト者たちがマスメディアに登場するのは、平和行進や、大規模な災害の被災者のための祈りなどの機会が多いようです。それで、キリスト者の祈りというと、世界平和とか、世の中が良くなるように敬虔に祈るものであって、個人的な〝ご利益〟を願うものではないというイメージがあるのではないかと思います。実際、キリスト者の中にも、「お祈りは人々にとっての善を求めるもので、自分の利益のためにするものじゃない」と言う人もいます。しかし、それは間違いです。キリスト教とは、人間が神と語り合いながら、人生の旅路を歩む宗教です。その人間とは、あるべき立派な人間ではなく、あるがままの「今のこの私」です。まずは「この私」が自分の願いをもって、しっかり神と向き合うからこそ、世界平和のための祈りも底力を持つのです。

現世利益を売り物にする宗教なんて低級で怪しいと考える人もいるでしょう。そういう人は、ヤスパース哲学でいうところの人間の限界的な状況に対処するのが宗教だと考えています。理不尽としか思えない災害、互いの命を奪い合う戦争、突然の事故などによる家族の非業の死、その後の人生を押しつぶしそうな重い負い目などです。そういうときには、それまでの人生では隠されていた人間と世界の深淵が姿を露呈します。たしかに宗教の真骨頂が発揮されるのは、そういう状況でしょう。大人になってからキリスト教に入信する人は、そういう限界状況に突き当たったことが契機になっている人が多いと思います。

しかし、人生はそのような限界状況だけでできているわけではありませんし、それだけが人間にとって大事なわけでもありません。日常よく起こる苦労や困難も含めて、人間の生活です。誕生・入学・就職・仕事・結婚・引退といった人生の通常の出来事について、神に助けを願うのもキリスト教信仰です。たとえば、キリスト者も、「希望の大学に合格できますよう」というお祈りはします。現代日本では、受験は家族全体が関わるビッグ・イベントですから、そこにまったく関わりを持たない宗教は、人間の暮らしから離れてしまいます。キリスト教の神は、そういう人生の日常の出来事にも深い関心を寄せているのです。

それを目に見える形で示すのが、保護聖人たちです。日本では聖人たちをキリスト教的生涯の模範と見る目が強く、あまり日常生活における助け手として見ませんが、現代の日本人にとっても「失くしもの」を見つけてくれる神さまは好ましいでしょう。私の生活の中には、失くした書類やカギを探している時間がずいぶんあります。命にかかわるわけではないが、かなりのストレスになっています。携帯電話やスマートフォンを見失うと深刻です。でも、他のだれを恨むこともできません。そこで、アントニオさまを通して、神に話を持って行くわけです。

知人にもそういう人はけっこういて、実際に見つかったという話もあります。ある神父は海水浴をしているときに、眼鏡を外して手近な岩の上に載せておきました。ところが、楽しく泳ぎまわっているうちに、潮が満ちてきて、岩を隠してしまいました。どの岩に載せたか、わからない。保護聖人の出番はここだと思って、アントニオさま、アントニオさま、アントニオさまと三度唱えたら、すぐに見つかったそうです。

もちろん「祈ることによって、気持ちを落ち着けて探すことができたから、見つかったのだ」という説明も可能でしょう。しかしそうだとしても、聖人たちを友として暮らすことの良さは格別です。

2 「祈り」とは「対話」である

念禱《ねんとう》とは、私の考えによれば、自分が神から愛されていることを知りつつ、その神と、ただふたりだけでたびたび語り合う、友情の親密な交換にほかなりません。

(『イエズスの聖テレジア自叙伝』中央出版社)

アビラのテレジア(一五一五〜一五八二)はスペインの修道女。イエズスのテレジアがむしろ正式名称ですが、聖人は生まれ住んだ町の名をつけて呼ぶ習慣があります。十九世紀のリジューのテレジア(小さき花のテレジア)と区別して、大テレジアとも呼ばれます。当時のカルメル修道女会に入会し、祈りと禁欲を徹底する女子跣足《せんそく》カルメル会へと改革しました。プロテスタント宗教改革後のカトリック教会刷新における重要人物の一人です。彼女の祈りについての多くの著作は、現代のカトリック教会にも大きな影響を与えています。

もともとカトリックでは典礼的な祈りを最重要視してきました。典礼とは教会に多くの信者が集まって挙行する公的な祈りで、その中心となるのはミサです。歌がうたわれ、聖書が朗読され、説教があり、キリストと弟子たちの最後の晩餐を記念します。

テレジアはもちろん典礼も大事にしましたが、彼女の祈りについての教えの特色は「念禱」にあります。念禱というのは、「神と私」が一対一で向かい合うような祈りのことです。言葉を口に出す祈り方ではない、心の中だけでする祈りなので、念禱と呼ばれます。聖堂あるいは個室で、独り座って、目を閉じて祈っているイメージです。

宗教改革後のカトリック教会は、「神と私」が直接に向かい合うような宗教性を、教会の公同性を軽視するプロテスタント的な誤りに陥るとして危険思想視しました。テレジアもかなり圧迫を受けたようですが、それにめげずに念禱について教え続けました。信仰の公同性や社会性は大事ですが、それだけが強調されて、神との一対一の関係が疎《おろそ》かにされると、キリスト教信仰はしだいに活気を失います。これはテレジアの教会への大きな貢献です。

さて、テレジアが教えている念禱はいかにも修道者らしい静謐《せいひつ》なものですが、その根底には神との「友情の親密な交換」があると言います。「自分が神から愛されていることを知り」つつ、「ふたりだけでたびたび語り合う」。ここにあるイメージは、絶対者の前でひたすら畏まって祈るというものとは全く別物です。救いの申請書を提出して、承認か却下のスタンプが押されて戻ってくるというようなものでもありません。あたかも友人同士のように、ただ一緒にいて、あれこれ話をしているというイメージです。

一緒にあれこれ話をするようになれば、ときには「これを何とかしてもらえないでしょうか」とお願いしたくなることもあります。友人同士だと、「こんな頼みごとをしたら、嫌われたり軽蔑されてしまうかも」という怖れや遠慮があるでしょう。しかし、イエス・キリストとの間ではごく自然に何でも話せる。それがキリスト教の祈りです。

キリスト者にとってイエス・キリストは親しい存在です。北野天満宮の祭神が菅原道真であることは、たいていの受験生が知っていますが、祈願するときに、学問に精進し、九州で失意の生涯を終えた道真を思い浮かべながら、「ねえ、道真さま、ひとつよろしくお願いします」とは話しかけないでしょう。キリスト者は、福音書を通してイエスに親しんでいます。特別に信仰に燃えていなくても、イエスが地上でどのように生き、どのように働き、そしてどのように死んだかをだいたい知っています。その親しみの中で、「そういうわけなので、イエス様、ひとつ、よろしく」とお願いします。

アビラのテレジアも、教会改革の労苦の中で、そのような親しい語りかけを大いにしたようです。スペイン中を駆け回っているとき、乗っていた馬車が倒れて、地面に投げ出されてしまったことがあります。そのとき、泥の中から立ち上がりながら、「まあ、イエスさま、あなたのために懸命に働いている者にこういう仕打ちをなさるようでは、お友だちが少ないのも無理はありませんわね」と言ったという逸話があります。

テレジアはもっぱら念禱（祈り）について教えましたが、それは本書の「はじめに」で示したキリスト教信仰の要約と重なるように思えます。

キリスト教信仰を生きるとは、人となった神、イエス・キリストと、人生の悩み・喜び・疑問を語り合いながら、ともに旅路を歩むことである。

祈りの時間は、神と人間の旅路での語り合いが最も凝縮した時間です。

3　神と人間はどのように語るのか

モーセは神に言った。「わたしは何者でしょう。どうして、ファラオのもとに行き、しかもイスラエルの人々をエジプトから導き出さねばならないのですか。」

（出エジプト記3章11節）

モーセは紀元前十三世紀の頃のイスラエル民族の指導者で、エジプトで奴隷状態に落とされていた民族を引き連れ、約束の地に向かって脱出します。そのハイライトは、エジプトとシナイ半島を隔てる深い海（葦の海と呼ばれます）が割れて、追いすがるエジプト軍を逃れて対岸に渡る場面です。チャールトン・ヘストンが主演した映画『十戒』でよく知られていますね。指導者になる前、モーセはエジプトで事件を起こして、シナイ半島のミディアンというところに亡命していました。その地で神がモーセを選んで、出エジプトを指導する使命を与えたとき、彼は尻込みして、何だかんだと言って断ろうとします。リード文はその対話の始まりです。神はモーセの抗弁に辛抱強く付き合って、説得しようとします。

このような神と人間の紆余曲折ある対話は、新約聖書（福音書）とはかなり趣を異にしています。福音書のイエスも弟子たちと話をしますが、一方的に教え諭すことが多い。互いの言い分を十分に言い合うという意味では、対話になっていないことが多いのです。たとえば、イエスが「自分はエルサレムに上って、そこで殺される（そして復活する）」という予告をすると、高弟のペトロが「そんなことがあるはずはありません」と否定します。それに対して、イエスは即座に「サタン、引き下がれ」とペトロを叱り、それで対話は終わってしまいます（マルコ8章27〜33節）。これは、苦難と十字架の意義がまだわかっていなかったペトロに対して、イエスは言葉による議論ではなく、その後の自分の生き方・死に方を見せることで理解させようとしたのだと解釈できます。しかし、このような厳しいやりとりだけが、キリスト教信仰における神と人間の対話だとは考えないでください。

キリスト教信仰の大事な側面は、人間は神に親しく話しかけることができるということです。それは旧約聖書に親しまなければなかなかわかりません。旧約聖書は、新約聖書の単なる前史、参考のためにいちおう読んでおく資料ではありません。新約にはあまり述べられていないキリスト教信仰の真実を語ってくれます。新約しか読まないと、キリスト教信仰を大きく誤解するでしょう。聖徳太子の十七条憲法（第三）に「詔《みことのり》をうけたまわりては必ずつつしめ」（承詔必謹）とありますが、それはキリスト者の神に対する態度ではありません。

神から「指導者になれ」と命じられて、モーセは黙っていません。リード文のあと、神は「わたしは必ずあなたと共にいる」と支持を約束しますが、それくらいではモーセは納得しません。

イスラエルの人々が「お前を遣わした神の名は何か」と尋ねたら、どう答えればよいのかと質問しています。本当に答えを知りたいというより、使命の受諾を先延ばしにしている感じもします。相手の言ったことにすぐに答えたくないときは、自分のほうから質問して様子を見るというのは、私たちもやりそうなことですね。

そして神から、「わたしはある。わたしはあるという者だ」という形而上学的な答えをもらいます。また、「あなたたちの先祖の神、アブラハムの神、イサクの神、ヤコブの神である」という歴史的なアイデンティティも教えてもらいます。この二つの答えはとても意味深いもので、後代のキリスト教神学者が大いに論じてきたものです。パスカルも、「哲学者の神にあらず。アブラハム、イサク、ヤコブの神」と書いています。しかし、モーセがこの場でこの答えに心を動かされたかどうかは疑問だという気がします。質問したことに神がちゃんと答えようとしてくれたことが、モーセを決断に向けて動かしたのかもしれません。

モーセはさらに、「イスラエルの人々が自分を信じようとしなかったらどうすればいいのか」と尋ねて、神から「人目を驚かせるような奇跡を起こす」という保証をもらいます。これにはかなり勇気づけられたはずですが、それでもモーセは「私は口下手なので」としぶとく抵抗を続けます。そうすると、神は、兄のアロンという雄弁家をサポートにつければいいとモーセに教えます。まさに至れり尽くせりの〝神対応〟です。それでやっと、モーセは使命を引き受けることにして、亡命先からエジプトに戻っていきます。

イスラエルの預言者たちの中では、エレミヤ（4参照）も人間味にあふれた言葉を残しています。モーセほどしぶとくはありませんが、神から「わたしはあなたを聖別し、諸国民の預言者として立てた」（エレミヤ書1章5節）という招きを受けたとき、エレミヤはこう答えています。

ああ、わが主なる神よ
わたしは語る言葉を知りません。
わたしは若者にすぎませんから。
（エレミヤ書1章6節）

しかしエレミヤは、これ以上は抗弁しません。旧約聖書では、全般的にいって、古い時代の人ほど、神に向かってツベコベ口答えする印象があります（アダムとエバ、カイン、モーセ、エレミヤ）。だんだんにその親しさが表現されなくなっていき、新約のイエスになると、ペトロとの対話がそうであったように、ほとんど抗弁を受け付けていません。言葉による対話よりも、「私の歩む姿を見よ、そうすればわかる」ということでしょう。

それでも、モーセやエレミヤの神への語り方は、現代のキリスト者にとっても範型の一つです。私たちに使命が与えられることがあれば、神との対話はやはり長い時間にわたって行われることになるでしょう。

4 「神との対話」は自問自答ではない

正しいのは、主よ、あなたです。それでも、わたしはあなたと争い、裁きについて論じたい。
(エレミヤ書12章1節)

エレミヤは、紀元前七世紀から六世紀にかけて活動したイスラエルの預言者です。ダビデの統一王国は南北に分裂して、北イスラエル王国は紀元前八世紀に先に滅びていました。南方のユダ王国にも滅亡の危機が迫ったとき、エレミヤは同国人に悔い改めを迫るメッセージを語り続けます。しかし、王国は結局滅び、エレミヤはその有様を目撃することになりました。

エレミヤは彼が語りかけた同国人から拒絶され、迫害されました。預言者の使命は神からのメッセージを民に向かって語るものですが、エレミヤは時に自分自身の嘆きを神に対して申し述べることをためらいません。この部分は、詩編の中の「嘆きの詩編」と呼ばれる作品群、あるいはヨブ記の主人公の訴えに似ています。ただ、違うのは、エレミヤの嘆きは、神の民のために尽力する中で湧き上がる思いであって、ヨブのような個人的な苦痛ではないということです(ヨブについては、21を参照)。しかも、エレミヤが預言者という困難な役割を引き受けたのは、自分の発意ではなく、神からの招請に応じてのことでした。この意味ではモーセに似ています。エレミヤが「あなた」と名指して、激しく神に迫るのにはそういう事情があります。

さて、私たちが自分の人生について考えをめぐらすとき、多くは自問自答です。

自分A　このままじゃ会社は行き詰まりだ。何とかできないものか。
自分B　お前に何ができるというんだ。何かできると思うのは思い上がりじゃないのか。
自分A　じゃあこのままでいるのか。それはみんなで、茹でガエルになるってことじゃないのか。
自分B　でもなあ、自分にできるささやかなことを誠実にやるしかないのかもしれないよ。
自分A　これまでだってそんなことを言ってきた。その結果がこのジリ貧だ。

自問自答は、こんな具合で堂々巡りするものです。しかし、大きな心でもって本当に聴いてくれる相手が目の前にいれば、堂々巡りの話をしているようでも、少しずつ何かが変わるものです。ただ、とりとめのない、ぐるぐる同じところを回っているような話を、ひたすら受容的に共感的に聴いてくれる相手というものは、なかなか身近に見つからないのが現実です。だから、カウンセラーという職業があるわけです。カウンセラーは、一回あたりの時間を区切り、また場所もオフィスに限定することによって、その難しい傾聴を可能にする仕組みがあります。職業であると公言していないと、こういうビジネスライクな対応は納得されにくいんですね。もし宗教者である神父や牧師が最初からこういう対応をしたら、相手はすぐ離れていくでしょう。

もちろん、プロのカウンセラーでも、クライエントのまとまらない愚痴っぽい恨みがましい話をしっかり受け止めるほどの大きな心の容量を持っているとはかぎりません。優秀なカウンセラーを見つけるのは難しい。頻繁に通うのは、時間的にも経済的にもさらに難しい。

そこで、キリスト教の神を最強のカウンセラーと考えてみたいと思います。そうすると、キリスト教信仰の一つのメリットがよくわかるのではないでしょうか。神に聴いてもらうカウンセリングは無料です。交通費もかからない。しかも、一年三百六十五日、二十四時間、開業しています。いっこうに進展がなくても、いつまでもグズグズしていても、神は付き合ってくれます。

しかし、ほんとうに神は聴いているのか。聴く神は、ほんとうにそこにいるのか。実態は、それこそ自問自答ではないのか——そういう疑問は当然起こるでしょう。これは結局のところ、実際に神に語りかけた人の体感でしかわからない問題なので、なかなか言葉では説明しにくい。たとえば時代劇で、座敷にいた剣豪が「むっ、曲者、そこか！」と叫んで手裏剣を投げる場面があります。そのあと、「逃がしたか、しかし手ごたえはあった、追え！」となります。私たちにすれば、手に持っている槍や刀ならともかく、宙を飛ぶ手裏剣に手ごたえがあるのかといぶかしく思います。しかし、弓道をしている人の話だと、目視するのとは別に、的中の手ごたえはほんとうにあるのだそうです。本当に聴いてくれている方がそこにいれば、語る側はその手ごたえを感じるものです。手ごたえとは、内容が理解されて同意されたことを知るということではありません。自分の言葉が何かにぶつかって、受けとめられているという感覚です。

ヨハネ福音書には、「見ないのに信じる人は、幸いである」という有名なイエスの言葉があります（20章29節）。この場合の「見る」は有無を言わさぬ物的証拠のことですが、それは与えられないでしょう。しかし、信仰は暗闇の中でする丁半ばくちではありません。証拠は与えられなくても、体感する手ごたえは与えられると思います。この体感さえも、錯覚か自己暗示ではないのか。その疑いを理論的に払拭することはできません。「ほんとうにそこに誰かいるのか」という問いこそ、人生で最も重大な問題だと言った人がいますが、この問題は理論で最終的な当否を言うことはできないからです。どこかで自分の深い感覚を信じるかどうかです。エンドレスに「これも妄想ではないのか」と疑っていくと生きること自体が無意味になるでしょう。ただし、この感覚は、時間によるテストを経ています。一回の手ごたえではなく、何度も繰り返し語りかける中でしだいに堅固になっていく確信です。

5　神は、いつもそこにいる

わたしは世の終わりまで、いつもあなたがたと共にいる。
（マタイ福音書28章20節）

これはマタイ福音書の最後にあるイエスの言葉です。イエスは死から復活したあと、最初に弟子たちを招いた地であるガリラヤで彼らと会います。そして、宣教に派遣する指示をしたのち、この言葉を告げるのです。キリスト者に聖書の中でいちばん好きな章句を尋ねると、この言葉を挙げる人は多いです。

「いつもあなたがたと共にいる」という保証は、本部にいる将軍が出動する兵士たちに「本官は常に諸君と共にある」というように、「あなたがたを物心ともに支えるつもりだ」という決意の修辞的な強調として受け取られやすいようです。イエスももちろんそれも意味していますが、もっと大事なのはイエス・キリストの「プレゼンス（presence）」です。日本語になりにくい言葉ですが、「臨在」という単語が近いかもしれません。プレゼンスは、「存在」（being, existence）と違って、関係的な概念です。ただ「ある」のではなく、「誰か」に対して「いる」のです。イエスが死から復活したというキリスト教の教理は、墓からムクムク起き上がったということではなく、信じる者たちといつも一緒にいるという現実を言おうとしています。

すぐには文字通りに受け取れない話でしょうから、まず人間の世界でそういうことはあるのだという話をします。テレビドラマで、家族で何か出来事があると、仏壇の鉦《かね》をチーンと鳴らして、今は亡き亭主とか母親とかに語りかける光景がしばしば出て来ますね。ドラマや映画だけでなく、実際にそういう行動をしている人は少なくありません。仏壇や神棚のある家は少なくなりましたが、何かにつけて、亡くなった親族の誰かに語りかける人はいるでしょう。この語りかけ（対話）は自分の心を紛らわすための空想に過ぎないでしょうか。実践している人、少なくとも習慣的にしばしば実践している人はそうは感じていないはずです。自分の語りかけているその人は、どこかに「いる」と感じられているはずです。さらにいうと、「どこか」ではなく、「そこら」にいると感じられています。そうでなければ、長年にわたって日常的に語りかけ続けることはできないでしょう。仏壇の鉦をチーンと鳴らすのは、語りかけをはじめるきっかけであって、死者を遠くから呼び出すのではないと思います。

対話といっても、もちろん、生身の人間同士のように活発に言葉が交わされるわけではありません。自分がブツブツつぶやく言葉を死んだ祖母がどこかで聞いてくれていて、そして穏やかにうなずいてくれているという雰囲気です。そのうなずきが自分の心に沁み透ってくるという感じです。それだけで心が広がる気がする。自分の考えに穏やかな影響を与えていることを感じる。こういう穏やかな関係は、死者との間でなければ育たないものです。どんなに親しみを持っていても、祖母が生きているうちにはそうはなりません。私は父母が亡くなってから、二人がいつもそこらあたりにいるという感覚を持っています。生前は、父母が実際に傍にいないときはめったに思い出さなかったのですが、いまは、思い出そうとしなくても、すぐそこにいると感じます。こういう語りかけの相手になる死者は、親や祖父母でありさえすればいいわけではありません。生前に親しい愛情関係が成立していた人物でなければ、交流は起こりません。

キリスト者がイエス・キリストはいつもそこらにいると感じていること、そのイエスに日常的に語りかけるということも、まずはこのイメージで理解してください。これを「そういうことはあるのかもしれない」とある程度納得してもらえるかどうかで、この先の理解度が左右されます。イエスについては、「死と復活」というように、必ず死のことが言われます。いつも一緒にいると感じられる存在は「死という淵を向う側に越え終わった人」だという人間的な真理に照らし合わせてもらうと、少し事情がわかるのではないかと思います。

イエスがいつもそこらにいるということは、その臨在（presence）をこちらの都合でＯＮ／ＯＦＦはできないということです。実を言うと、私もごくまれに「ＯＦＦにしたい」と思うときがないでもありません。キリスト教の神は倫理的な要求を持つものなので、刑法上の犯罪ではないにしても、後ろ暗いことをしようとするときは臨在をＯＦＦにしたい気もする。亡くなった妻の写真を一時裏返しにするようなものですね。しかし、神との交際が深まっていくと、思い通りにはＯＦＦにできなくなります。そして徐々に、後ろめたいことをするときも、ＯＦＦにすることを望まなくなります。いつでも警察に表彰されるようなことばかりはしていないのが人間です。

それも含めて、神（イエス・キリスト）と共に歩もうとするのがキリスト者です。

この項では、イエスに話しかけるということは、そんなに特別なことじゃないということを書きました。では、死んだおばあちゃんに話しかけるのと、イエスに話しかけるのは、同じことなのか。もちろん違います。どう違うかは、語りかけ続けていくとわかります。というより、イエスは語りかける相手として段違いに奥行きがあると感じはじめた人が、キリスト者になるのでしょう。リード文はマタイ福音書の終わりの言葉ですが、これと対応する形で、1章にはこういう言葉があります。


このすべてのことが起こったのは、主が預言者を通して言われていたことが実現するためであった。

「見よ、おとめが身ごもって男の子を産む。その名はインマヌエルと呼ばれる。」

この名は、「神は我々と共におられる」という意味である。

（マタイ福音書1章22〜23節）


「共にいる」ということが、何にもまさってキリスト教の神の本質です。

6　神と交渉できるのか

アブラハムは進み出て言った。「まことにあなたは、正しい者を悪い者と一緒に滅ぼされるのですか。あの町に正しい者が五十人いるとしても、それでも滅ぼし、その五十人の正しい者のために、町をお赦しにはならないのですか。」

（創世記18章23～24節）

アブラハムはイスラエル民族の歴史の先頭に立つ人物です。紀元前十八世紀頃、ウルという町（今のイラク南部）を出発して、パレスチナの地に入りました。各地を放浪しつつ、神との交際を深め、その事績は後世のイスラエル人たちの信仰（神との関係の持ち方）の模範となったので、「信仰の太祖」と呼ばれます。旧約聖書の中では、モーセと並んで、キリスト者が最もその行動を注視して、学ぶ人物です。

創世記18章では、神がソドムとゴモラという町の堕落に憤って、滅ぼそうとします。しかし、神はアブラハムを友として扱いたいので、まずその計画を彼に告げます。アブラハムはそこに口を出して、神と交渉を始めるのです。町に正しい人が何人かでもいるなら、その町全部を滅ぼすのは理不尽だという理屈を駆使します。そして最初は、正しい人が「五十人いるなら」というところから交渉を始めますが、四十五人、四十人としだいにハードルを下げていって、ついに「十人いるなら滅ぼさない」という約束を取り付けます。まさに交渉人、タフ・ネゴシエータと見えます。しかし、ここで起こったことを「交渉」と呼んでいいでしょうか。

キリスト教信仰は魔術や呪術ではない！　これはキリスト者が常に主張していることです。魔術とは、ある方式を正確に遵守して、儀式を行ったり、呪文を唱えれば、神に「必ず」自分の思い通りの行動をさせることができるという考え（確信）です。一種の科学技術なのです。アブラハムが神に対してしたことは、それではありません。

彼がしたのは「神との間の、親しいが、礼儀を失わない話し合い」です。話し合いの中では一方が理屈を言うこともあります。アブラハムも「正しい人が何人かいれば町を滅ぼすべきではない」という理屈で神を説得することを試みました。しかし、神がこの理屈に従わなければならないはずだとは思っていなかったでしょう。実際、このディスカウントは十人まで下がった時点で終わります。最初の理屈を徹底させれば、「正しい人がひとりでもいれば、町を滅ぼさない」となるはずです。しかし、神は「十人いれば町は滅ぼさない」という時点で交渉を一方的に打ち切って、立ち去ります。そして、アブラハムもそれ以上は神に迫ろうとはしませんでした。これから先は神の全権の領域であることを悟ったのでしょう（10を参照）。親しく神に語りかけ、願う。しかし同時に、アブラハムは神への礼儀を失わない。また神を自分の思い通りに動かすことはできないことを知っている。そこにアブラハムの敬神があります。このような微妙なバランスは、神学的な言明ではなく、物語の形でするほうが伝わりやすいものです。

交渉というと、キューブラー・ロスが提示した「死の受容」の五段階が思い出されます。間近で確実な死を宣告された患者は、まず否認／拒絶。次に怒り、取引、抑うつ、そして受容というプロセスを経ると言っています。誰もが必ずこの五段階を、この順序で経るわけではないことはロス自身が認めていますが、有益な考察であることはたしかです。この中で「取引（bargaining）」というのは、たとえば、「娘の結婚式まで生きさせてください。そうすれば安心して死ねます」というようなことです。こういう取引を本当に持ちかけるなら、その相手は「神」のような存在しかないでしょう。

しかし、これはアブラハムがした交渉ではありません。アブラハムは交換条件を出してはいません。何が正しいかという理屈は言っていますが、取引条件は出さずに、ひたすら神に起こってほしいことを願っています。これがキリスト者の神に願う態度です。死病をえた患者であれば、「どうかもう少し生きさせてください。地上でまだしたいことがあるのです」と願うことです。

本気でそれを願っていることのしるしとして、集中的な宗教行為をすることはあります。カトリックでは、「ノヴェナ（novena）」と言って、願い事のある信者が九日間続けてミサにあずかるという実践があります。これは取引ではありません。ノヴェナを実行しますから、願い事を叶えてくださいと考えているのではありません。自分の願う気持ちを集中するために行うものです。その願い事に共感する友人たちも参加することがあります。日本のお茶断ちとか、お百度参りもそれに似た実践でしょう。人間の気持ちは、ただ願うよりも、取引するほうが落ち着きがいいので、つい取引的な気持ちにスリップしてしまうことはあります。しかし、本筋を見失っていなければ、うるさく咎めなくてもいいと思っています。

神はアブラハムの願いに応じて、十人の正しい人がいれば、二つの町を滅ぼさないことに同意しました。つまり、アブラハムとの対話によって、神は考えを変えたように見えます。本当にそうなのでしょうか。これはキリスト教ではけっこううるさい問題です。被造物である人間によって、創造主である神が変えられてしまうのは、神の尊厳を傷つけるようにも思われるのです。こう考えればいいと思います。神は自分で考えを変えることにしたのであって、アブラハムによって「変えられた」わけではない。そこに何の問題もない。目下の者に説得されるのは沽券にかかわるというのは、キリスト教の神にふさわしくないケチな考えです。

神は最初から二つの町を滅ぼしたくなかった。アブラハムの説得は想定内だったと考えることもできます。そうかもしれないけれど、あまり面白くはありません。キリスト者の実践の上では、自分の語りかけによって神はご自身の考えを変えることがあるのだという前提で、熱心に祈るということで何ら差支えはないと思います。

キリスト教には「lex orandi, lex credendi（祈りの構造は信仰の構造と対応している）」という格言があります。二千年にわたって、キリスト者たちが願い事の祈りをしてきたことが正しいのであれば、神は自分の考えを変えることがあるという信念も正しいのです。

7 神にはユーモアも通じる

イエスが、「子供たちのパンを取って小犬にやってはいけない」とお答えになると、女は言った。「主よ、ごもっともです。しかし、小犬も主人の食卓から落ちるパン屑はいただくのです。」

（マタイ福音書15章26～27節）

イエスは主にガリラヤのユダヤ人の間で宣教活動をしていましたが、あるとき、異邦人の多いフェニキア地方に入り、カナン人の女性と出会います。彼女が娘の病気の回復を願った時、イエスは「子供たちのパンを取って小犬にやってはいけない」、つまり「私の仕事はまずイスラエル人たちに配慮することだ」「いまは力を異邦人に割くことはできない」という意味のすげない言葉で退けようとします。しかし、女性は上記の言葉で切り返し、イエスはそれに感心して、願いをかなえたというエピソードです。

なぜイエスは感心したのか。あくまでもへりくだって願う女性の謙虚な振る舞いに感心したという読み方もあります。謙虚さはキリスト教が重んじる美徳です。しかし、私は女性のユーモアのある言葉、機知がイエスを感心させたのだと思います。気が利いているとか、頭がいいとかではありません。深刻な状況でもユーモアのある言葉を出すことができるのは、人との関係のとり方がたいへん成熟していることを示しています。それは神との関係のとり方でもあるので、イエスはそこに感心したのだと思います。

自分の娘が重病であるというのは深刻な状況です。だから彼女は、イエスという病をいやす力を持っていると評判の人物が自分の町にやってきたと知って、すぐに駆け付け、直球勝負で助けを願います。イエスから冷淡な、侮辱的とも思える言葉を投げかけられましたが、それでもキレません。「こんなに苦しんでいる娘を小犬にたとえるとは、なんてひどい人だ」と怒りだしたり、うらみがましくなったりしていません。一つには、もちろん娘のためでしょう。自分のプライドのために、回復の唯一の希望であるイエスとここで決裂するわけにはいかない。赤穂浪士のようなもので、ここは我慢、我慢。

しかしもっと素晴らしいのは、こんなに深刻な状況でありながら、この女性は自分の問題が世界の中心であるとは思っていないということです。人それぞれに事情があります。イエスも単に冷淡なのではなく、自分の事情を言っているのです。たくさんの人がいる中で、自分の事情だけが最優先されなければならない理由はありません。この女性はそれが本当にわかっているから、キレずに、相手の言葉尻をとってユーモアのある切り返しさえできる。

これはそう簡単なことではありません。追いつめられると、自分の問題がすべてに優先して取り扱われるはずだという態度になりがちです。苦しんでいる人の話を傾聴している人がときどきうんざりした気持ちになってしまうのは、相手が自分の問題がすべての中心だと主張しているように思える場合です。ある悩みを抱えている女性と話していて、関わりのあった人（家族、教師、カウンセラー、教会の人）をすべて、自分を有効に助けてくれたか／助けてくれなかったかだけで評価していくのを聞いていたことがあります。責めることはできない。無理もないとは思うんですが、自分を世界の中心に置いている姿は、人間として好ましいものではありません。「あの人は自分を悲劇の主人公にしている」という非難の言葉は、そのようなふるまいに対する反感を表しているのでしょう。

イエスに対するこの女性の関係のとり方にはそれがない。願う立場の自分を卑下することもないが、一方で、他人が自分の境遇や言動を大層なものとして取り扱うはずだという思い込みもない。たいへん自由な関係のとり方です。自分を苦しい思いをしている大勢の中のひとり（one of them）として見ることができているのでしょう。信仰とは神（イエス・キリスト）との関係性そのものですから、イエスはこの女性の信仰を立派なものと認めたのです。

このようなユーモアをまじえた親しい神との対話は、ユダヤ人の信仰の中に豊かに見られます。キリスト者がユダヤ人から学びたいことの一つです。ユダヤ人の家族の暮らしをテーマにした「屋根の上のバイオリン弾き」というミュージカルがあります。主人公は帝政時代のロシアに暮らすテヴィエという名の牛乳屋です。妻と五人の娘がいますが、暮らしは貧しい。家族を愛するテヴィエは、冒頭に近いところで、天をいたずらっぽく見上げて、「もし私が金持ちなら（If I were a rich man）」という歌をうたいます。出だしはこうです。

ねえ、神様、貧乏は恥じゃないってことはわかっていますよ。でもねえ、この私がもう少し金持ちになったからといって、あなたの世界を救う計画に狂いがでるってわけじゃないでしょう。

もし私が金持ちになったら、大きな家を建てる。階段が二つあって、ひとつは上り専用、もう一つは下り専用だ。苦労をさせた女房に着飾らせて、お手伝いを何人も雇う。女房は栄養が良くなって太って、二重顎になって、孔雀みたいに気取って歩きながらお手伝いたちを嬉しそうにガアガアと叱って追い使う……

そのようなことを面白おかしく歌います。家族にもう少し良い暮らしをさせてやりたいというテヴィエの気持ちは本物です。ただ冗談を言っているわけではありません。神に真剣に願っている。しかし、その願い事がテヴィエと神との交際の中心ではない。神とこういう冗談を交えた対話ができるということ自体が信仰生活の喜びです。

8　神には文句も言える

あなたは、なぜ、僕《しもべ》を苦しめられるのですか。なぜわたしはあなたの恵みを得ることなく、この民すべてを重荷として負わされねばならないのですか。

（民数記11章11節）

先ほどは「出エジプト記」を引用しましたが、その後もモーセの約束の地に向かう旅路は四十年も続きます。その苦難の道のりについては、旧約聖書の「民数記」「申命記」に語られています。エジプト脱出後のモーセを苦しめたのは、自らが救い出した当のユダヤ人たちでした。たしかにモーセをリーダーとして頼りにしているんですが、旅路で困難が起こるとすぐに挫《くじ》けて、グチグチと不満を述べたてる。こういうときのモーセの対処の仕方には考えさせられるところが多いので、後世のキリスト者にとって、モーセはキリスト教的リーダーシップの模範にもなっています。『モーセに学ぶ 失意を克服する生き方』（ハロルド・サムエル・クシュナー、創元社）という本もあります。

さて、引用部分のエピソードでは、人々は食事のことで不平を言い出します。神の計らいによって、マナという甘いお菓子のような食べ物が天から毎日降るので、食べ物がなくて飢えているわけではないのです。ただ、毎日同じもので変化がない。「誰か肉を食べさせてくれないものか。エジプトでは魚をただで食べていたし、きゅうりやメロン、葱や玉葱やにんにくが忘れられない」とまで言い出す（11章4～5節）。もちろん奴隷だったユダヤ人がエジプトで毎日御馳走を食べていたはずはありませんが、現状に不満が溜まると、昔の日々が実際以上に良き美しい日々に思えてくるのは世の常です。いじめ問題が起こると、「昭和三十年代の子供社会では、勉強はできないが腕力があって男気のあるガキ大将たちが取り仕切っていたから、今みたいにいじめはなかった」「弱い子は守り、喧嘩をすることはあっても、度を越さないように配慮していた」などと言うのもそれでしょう。

民のこういう振る舞いは一度や二度ではなく、何度も起こります。辛い旅をしているのだから無理もないと言えるのですが、モーセはうんざりします。時おり民と対決することもありますが、その不満を直接、神に申し述べることもためらいません。そもそも指導者になったのは、モーセが自分から名乗り出たのではありません。彼はむしろ断りたかったのに、神の執拗な説得に押し切られて引き受けたポジションです（3を参照）。それでこんな目に遇《あ》うのは、「二階に上げて梯子を外された」ようなもので、文句を言いたくなるのは当然です。引用文のような愚痴も含んだ親しい対話が、ユダヤ人の信仰から引き継ぐキリスト教的「神との対話」です。このように神と語り合うことによって、モーセは苦難の時代のリーダーというフラストレーションの大きな立場に耐えて、指導者の役割を放棄せず、生涯の終わりまで人々を導き続けます。

モーセのリーダーシップは、キリスト者でなくても、事業を指導しようとしているリーダーにも参考になるところがあると思います。このエピソードのような不満をぶつけられると、腹が煮えくり返るものです。リーダーとしてすでに多くの重荷を負って死にそうな思いをしているのに、メンバーたちは「毎日の食べ物に変化がない」くらいのことで大騒ぎして、大勢で文句を言いに来る。「私はもう知らん。文句があるなら自分たちでやれ！」と言いたいところです。しかし、モーセはそういうチャブ台返しはしないのです。たしかに自分が引き受けている負担とは比べ物にならないけれど、民もまた苦労しつつ一緒についてきていることもたしかなのです。それがわかっているから、ときにブチ切れそうになっても、指導者の役割を放棄することはしません。ただ神に親しく愚痴と恨み言をいうのです。それができるから耐えられる。

たとえ神という話し相手はいなくても、度量の大きな友人がいて、「やってられないぜ！」という気持ちを話すことができれば、ずいぶん助かるでしょう。配偶者がそういう存在であればいいですね。しかし、私のわずかな経験で言うのですが、どんなに親しくて度量の大きい友人でも、愛する妻や夫であっても、人間相手の場合は、やはりどこかで自己制御せざるをえません。一回かぎりならともかく、しょっちゅうこんな愚痴を言っていると、しだいに相手に敬遠されそうです。「じゃあ、さっさと辞めたら」と突き放されてしまうかもしれません。愚痴の内容も、自分の人格を疑われそうなところまで言うのは危険な気がします。しかし、神が話し相手であれば、何の気兼ねもいりません。時にどんなにひどい罵倒をしてしまっても、それが私の気持ちのすべてではないと、神にはちゃんとわかっているからです。

モーセは民と共に荒野を四十年間放浪して、そして約束の地カナンに入る直前、はるかにその地を遠望するネボ山の上で死にます。聖書の中には、モーセが約束の地に入れなかったのは、旅の途中で犯したモーセ自身の罪のためであると書いてある箇所があります（申命記32章50〜52節）。しかし、モーセの生涯の出来事を読んだ者は、これを文字通りには受けとらないでしょう。旅の苦難だけでなく、民の愚痴や反抗にも耐えに耐えたこの指導者を神が愛して、「もうあなたはここまででいい」と言われたのだと感じるはずです。聖書記者によって「モーセという人はこの地上のだれにもまさって謙遜であった」（民数記12章3節）という賛辞が贈られています。この謙遜はモーセがもともと持って生まれた性格というより、「神と語り合う」ことによってしだいに得られたものであることは、旧約聖書を読めばよくわかります。

9　神が人間に質問する

主はカインに言われた。「お前の弟アベルは、どこにいるのか。」カインは答えた。「知りません。わたしは弟の番人でしょうか。」（創世記4章9節）

旧約聖書によると、最初の人間はアダムとエバの夫婦です。そして生まれたのが、カインとアベルの兄弟です。この兄弟は相性がもともと悪かったようで、農夫と羊飼いという職業文化の違いを反映していると言われます。それぞれの働きの収穫を神にささげたとき、神は弟アベルのささげもの（子羊）は嘉納された。しかし、兄カインのささげもの（穀物）については嘉納のお言葉はありませんでした。カインはそれを恨みに思って、アベルを野原に呼び出して殺します。リード文は、そのあとの神とカインの対話です。

ある人がこういうことを言っていました。「いまは人間が神に質問する。しかし、本当は神が人間に質問するのだ。それがキリスト教だ」。その通りだと思います。

いまどきのキリスト教解説書を見ると、まさに人間が神にあれこれと疑問に思うことを質問して、神の側（神父とか牧師とか）が懸命にその質問に答えようとします。キリスト教の言っていることにもそれなりに整合性があることを説明して、了解を得ようとしているという趣きです。私がこれまでに書いた本、そして本書もそういう解説が中心になっています。しかし、そのような質問への答えを聞くだけでは、キリスト教信仰はなかなか親しいものにならないでしょう。神からの質問に耳を傾けるときに、キリスト教信仰への関心は実存的なものになります。

聖書における、神から人間への最初の質問は、「どこにいるのか？」です（創世記3章9節）。アダムとエバは、「これだけは食べてはいけない」と神が禁じておいた木の実を、蛇にそそのかされてつい食べてしまいました。そのあと、二人は「どうもまずいことになった」という後ろめたさと、「まあいいんじゃない」という安易な開き直りの混じり合った気持ちでいたでしょう。そんなある日、神が二人の暮らしている園にやってきます。二人は顔を合わせにくいので、木陰に隠れてしまいます。そこで神が質問します。「お前はどこにいるのか」。

ユダヤ教―キリスト教の神は全知全能です。神は二人がどこに隠れているのか、知っているはずです。それでも質問をするのはなぜか。世々にわたって人間たちがこの質問に答えるためです。何十年も生きてきた。悪いことばかりしてきたわけではない。良いこともしてきた。自分なりに一生懸命生きてきた気もする。しかし、そうして六十五年が経ったいま（私の年齢です）、「あなたはどこにいるのか」と神に質問されます。その答えは福岡県宗像市（私が居住する修道院の所在地）ではありません。私は結局、いま、どういう状態にあるのか、ということです。この質問には原稿用紙四枚とかで理路整然と回答することはできません。それなりに懸命に生きてきたという自分なりの誇りと、どこかまずい気がするというとりとめのない後ろめたさが混じり合っています。しっかりした報告書を書くことが問題なのではなく、折に触れて、「お前はどこにいるのか」という質問を神から受けて、自分の人生、いま到着している地点について思いめぐらすことが大事なのです。

神はカインにも質問します。「お前の弟アベルは、どこにいるのか」。アベルがもう殺されていること、土の中に埋められていることは、神はすでに知っているはずです。それなのに、わざわざ質問する。人間はたまに犯罪者をいたぶってやろうとする意地悪な気持ちで、そういうことをしますね。親の財布からお金を抜いて、ゲームを買ってしまった子供に「あなたはそれを悪いことだと知らなかったの?」という質問をしたりします。子供は「知ってた」と答えざるをえません。まして、そのあと、「悪いとわかっていてなんで盗んだの」と問い詰めても、答えようがない。あまり有益な対話とは言えないですね。

聖書の神は、もちろん、意地悪な気持ちで質問をしたりしません。先ほども述べた通り、神がすでに答えを知っているはずの質問が聖書の中に散見されるのは、世々にわたって人間がそれに答えようと、思いめぐらし続けるためです。「お前の弟はどこにいるのか」という質問は、お前が関わってきた人々はいまどうなっているのかと問うています。旧約聖書・新約聖書を通して、「兄弟」は人間同士の関係の総称です。キリスト者は聖書のこの箇所を読むたびに、自らの挫折した(と思う)関係について、あらためて思いめぐらします。

私は父親とは生前折り合いがよくなくて、私が修道生活に入ったことをきっかけに、一時は出入り禁止、断絶状態になりました。しかし、創世記のこの箇所を読むたびに、あらためて、「お前の父はどこにいるのか」と質問される思いがしました。もちろん、「神戸市東灘区です」という答えが期待されているわけではありません。お前の父親は今どこで何をしているのか、今のお前との距離はどうなっているのかという質問です。神の質問には余裕があります。私は後ろめたい思いをもちつつも、コーナーに追い詰められるような気持ちでなく、開けた空間で、「いま父はどこで何をしているのか」と考えることができました。父との和解までには長い年月が経ちましたが、断絶の期間も、「私の父はどこにいるのか」と定期的に考えたことはよかったと思います。聖書における神の質問がなかったら、何年も父のことは考えようとしないままに、年月が経ってしまったでしょう。

近しい人との葛藤など、思い出すこと自体が辛い悩み事については、意識から遠ざけてしまいがちです。しかし、それではいつまで経っても問題を解決できないので、人間には質問してくれる存在が必要なのです。

10　神は全能者・全権者である

災いだ、土の器のかけらにすぎないのに、自分の造り主と争う者は。粘土が陶工に言うだろうか。「何をしているのか、あなたの作ったものに取っ手がない」などと。

（イザヤ書45章9節）

ユダヤ教―キリスト教の神は、全能にして全権です。リード文はその典型的な表現です。イザヤ書のこのあたりは、イスラエル民族がバビロンに捕囚として暮らしていた頃に書かれました。バビロンから解放してくれるのはアケメネス朝ペルシアのキュロス王です。リード文は、この大帝国の最高権力者さえも、全能の神が自分の計画のために用いる道具に過ぎないというコンテキストで語られています。神の全能と全権はキリスト者として譲ることのできない神の特性です。

ちなみに、ギリシア神話の最高神はゼウスで、この神もたいへん力があります。人間に対して理不尽な振る舞いをしますが、それを正面から咎めることのできる者は、神々の中にもありません。しかし、ゼウスはキリスト教のいう意味での全能者ではありません。ゼウスが世界を創造したわけではなく、もともとの世の理《ことわり》といったものがあって、彼もそれに逆らうことはできない。彼にとっても不本意なことが起こっています。キリスト教の神は、それ以前には何もない創造神です。それ以前の世の理というものはありません。

神の全能と全権という特性は、現代人には居丈高に聞こえるので、評判がよくありません。しかし、むしろ神が全能かつ全権だからこそ、親しい交際が成立するのです。こういうことは、キリスト者の祈りと関連づけて理解するとわかりやすくなります。前にも触れましたが、キリスト教理解のための重要な格言に、lex orandi, lex credendi というものがあります。lex は法を意味する言葉ですが、ここでは物事の構造というような意味と考えるとよいでしょう。「祈りの構造は信仰の構造と対応している」。キリスト教の教理は、神学だけをひねくっているのではなく、キリスト者がどう祈ってきたかという現実と対応しているという意味です。

キリスト者のお願いの祈りは、神の全能への信頼をもってなされます。友人に借金を頼もうとするとき、その友人が自分に好意をもっていて助けようとしていることは信頼していても、お金をあまり持っていないとわかっていると、頼み方が淡白になります。「お願いします」、「そう言われてもねえ」、「だめですか、(お金はないみたいだな、)じゃあいいです、他所に行ってみます」という具合です。

一方、自分を助けるだけのお金は十分に持っていると信じていると、頼み方が粘り強くなります。「お願いします」、「そう言われてもねえ」、「そんなこと言わないでお願いします……また来ます」みたいな流れになります。断続的ではあっても、神に願うことを止めない。全能への信頼をもっているということは、キリスト教の神との対話を止めないことでもあります。その対話的な交際の中で、願い事の叶う叶わない以外に、神について、神と人間との交際について、いろいろとわかってくるのです。思い通りにならないと、すぐに他所の神様（思想）のところに行ってしまっては、わかるはずのこともわかりません。

一方、全権は、全能とは違うニュアンスがあります。全能は「神の望むことが実現する」ということですが、全権というと「何が本当に良いことかは、最終的には神の専権事項である」ということになります。これを認めることは、キリスト者が成長するうえで大事なことです。

「はじめに」で書いたように、まず人間同士の関係のアナロジーで考えてみましょう。私は自分が所属する修道会で、若い会員の養成係を長くやっていました。いろいろな意味で難しい性格の青年たちにも出会いましたが、最も指導するのが難しいのは、「何が自分にとって必要なことかは自分でわかっている」という思い込みがどうしても抜けない人です。指導されることに正面から反抗することはなくても、この点を改善することは自分にとって必要なことだとどうしても考えることができない。真剣に取り組もうとしないで、適当にあしらうという態度をとります。修道会を志願する人の中には、すでに中年といっていい人もいます。世間の生活でそれなりにやってきたという自信があるので、なかなかこちらの言うことが耳に入らない。その結果、何でも自己流でやる癖がつくので、深いレベルではあまり成長しない。修道生活に入るための集中的な訓練期間を修練期といいますが、少なくともこの期間は、指導者は全権であるという前提で取り組む人は成長します。teachability という英語があって、「教えられるための資質」という意味です。教えてくれる人の言っていることがいまはわからなくても、自分にとって良いことなんだろうと信頼して取り組める資質のことです。

神の全権を認めるということは、「自分にとって何が必要なことかは、自分にはまだまったくわかっていないのかもしれない」と認めつつ、祈っていくことです。予め心の中に壁を作ることなく、神と親しく交際を続けていく。これまで述べてきたように、キリスト者は「今の自分の願い」を率直に神に申し述べることをためらいません。そうでないと、神との交際は浅いきれいごとになってしまいます。しかし同時に、今の自分の切実な願いが本当は自分にとってそんなに良いことではないのかもしれないことを、心の奥深いところでは認めています。今のありのままの自分と、神の全権、この二つを同時に認めるところに、キリスト者の信仰の奥行きがあります（このパラドックスについては22でも説明します）。

旧約聖書のヨブ記には、財産的にも家庭的にも肉体的にもひどい目にあった主人公が、神に向かって大胆に不平や苦情を述べるシーンが続きますが、最後に近いところで、神はこう呼びかけます。

これは何者か。知識もないのに、言葉を重ねて、神の経綸を暗くするとは。

（ヨブ記38章2節）

神に大胆に語るのもいいが、同時に神の全権を認めよとも言っているのです。

11　神とは誰のことか——三位一体を考える

時が満ちて御ひとり子と愛の霊を遣わすことによって、神はご自分のもっとも隠れた内奥を示されます。神は永遠に父と子と聖霊の愛の交わり（exchange）でありますが、その交わりにわたしたちをもあずからせようと、お決めになったのです。

（『カトリック教会のカテキズム』カトリック中央協議会）

カトリック教会の教義（教理）は、全部ががっちりと文章化されていると思う人もあるようですが、そんなことはありません。ある時点で全部をガチガチに文章化してしまって、そこから少しでも逸れたら異端であるとしたら、キリスト教信仰は窒息するでしょう。しかし、何でも言いたい放題かというとそうではなくて、より権威ある教理的文献は存在します。現在のところでは、『カトリック教会のカテキズム』（ラテン語版は一九九七年、邦訳二〇〇二年）が最も網羅的で規範的とされています。リード文はいわゆる「三位一体の神」についての項目です。

本書では、これまで「神」「イエス・キリスト」という表記を併用してきました。キリスト者の対話の相手は「イエス・キリスト」なのか、それとも「神」なのかと、いぶかしく思った人もあるでしょう。これは「三位一体の神」という（難解なことで有名な）教理と関係があります。四世紀に、侃々諤々《かんかんがくがく》の大議論の末、第一位格が「父なる神」、第二位格が「御子つまりイエス・キリスト」、第三位格が「聖霊」とする教えが定着しました。

以前、高名な禅僧・南直哉《みなみじきさい》さんと対談した際にこのような質問を受けました。

南　キリスト信者は「ともに歩む」とおっしゃったが、ともに歩むのは創造主なのか、イエス・キリストなのか、その両方なのでしょうか。

来住　「三位一体の神」という神です。

南　キリストとは言わないのですか？

来住　私の生活意識のなかでは、イエス・キリストです。私はだいたい「イエス・キリストとともに歩む」と言います。

（南直哉・来住英俊『禅と福音』春秋社）

なんだかタジタジになって、上手く説明できませんでした。南さんはさらに追及します。「父なる神や聖霊は同伴するのですか、しないのですか？」私のとりあえずの答えはこうです。

生活の意識のなかでは「イエス・キリスト」とともに歩んでいるのだけれど、それを俯瞰的・神学的に反省すれば、イエス・キリストにおいて人となった、三位一体の神とともに歩んでいるといいます。

（同前）

キリスト者たちが日常的に「あなた」と呼びかけて対話する相手は、だいたいイエス・キリストです。私自身はほとんどそうです。しかし、キリスト者は「神さま」と呼びかけることもあります。その「神さま」はだいたい「三位一体の神」という神です。「天におられる父なる神」だけをはっきりと意識して祈ることは、カトリック信者の場合は、典礼以外には、あまりないと思います（プロテスタントでは普通のようです）。典礼の祈りは、原則として、三位一体の第一位格、すなわち「父なる神」に向かう祈りです。聖霊の働きに助けられて、イエス・キリストを通して、父なる神に向かう祈りです。

しかし、キリスト者が祈りにおいて呼びかけるその「三位一体の神」とは、イエス・キリストにおいて人となった神です。ですから、「神さま」と語りかけることはイエス・キリストに語りかけることでもあります。逆に、イエス・キリストに話しかけることは、「三位一体の神」に話しかけることでもあります。

旧約聖書の時代にも、アブラハムやモーセのように「神」と親しく対話する人はいました。出エジプト記には、「モーセが幕屋に入ると、雲の柱が降りて来て幕屋の入り口に立ち、主はモーセと語られた。……主は人がその友と語るように、顔と顔を合わせてモーセに語られた」（出エジプト記33章9、11節）とあります。この時代には当然、神を三位一体として理解するという教理はまだないのですが、後代のキリスト者から見れば、「父である神」ということになります。

この時代、神と親しく話すことは、民のリーダーであったアブラハムとかモーセのような特権的な人物だけに実現したことであったでしょう。困難な状況の中で民を導くためには、神と日常的に親しく話すことがリーダーにとって必要でした。しかし、イエス・キリストが歴史の舞台に登場してからは、信仰があれば、平凡なキリスト者も、「イエス・キリストにおいて人となった神」と日常的に対話することができるようになりました。

本書では、イエスの生涯を詳しく語ることはしていませんが、しかし、イエスが苦難を受けて、十字架上の死を遂げたことは、キリスト教信仰にとって決定的に重要です。人間にとって最も根源的な体験の一つである死を突き抜けることによって、はじめてイエス・キリストはいつでもどこでも「人間と共にあるもの」、人が語り合える存在になったからです。

では、三位一体の第三位格である「聖霊」はどうなるか。聖霊の大事な働きは、イエス・キリストの現存を、キリスト者に対して、そのときその場で立ち上がらせることです。

何だかわかったようなわからないようなというところでしょうが、いまはこれくらいで勘弁しておいてください。本書の内容を理解する上では、三位一体という教理の知識はあまり必要ではありません。何となくの感触だけをつかんでおいてくだされればじゅうぶんです。この教理をなぜキリスト者が延々と議論してきたかという理由は、拙著『ふしぎなキリスト教』と対話する』（春秋社）を参照してください。

12　願い事は叶うのか

さて、重い皮膚病を患っている人が、イエスのところに来てひざまずいて願い、「御心ならば、わたしを清くすることがおできになります」と言った。イエスが深く憐れんで、手を差し伸べてその人に触れ、「よろしい。清くなれ」と言われると、たちまち重い皮膚病は去り、その人は清くなった。

（マルコ福音書1章40〜42節）

福音書の中には、人々がイエスに病気の癒しを願い、それがその場で実現するという出来事がいくつも語られています。熱心に願ったけれども、叶わなかったという記事はほとんどありません（願い方が真面目でなかったから叶わなかったという記事はあります）。たいへん素晴らしいことですが、ノン・クリスチャンから見れば、「そんなにうまく行くの？」ということになるでしょう。実際、現代のキリスト者が熱心に願ったが叶わなかったというケースは多い。というか、叶わなかったケースのほうがずっと多いでしょう。それでもキリスト者は神に願うことをやめない。どうしてでしょうか。軽めの事例で考えてみましょう。

教会でも運動会とかバザーをしますが、主催者側にいる場合、当日の天候は大きな心配です。雨が降ると、出来る範囲で開催するとしても、どうしても盛り上がりに欠けます。せっかくの準備の多くが無駄になるかもしれないと思うと、作業に身が入りません。そこで「当日、良い天気になりますように」と何日も前から祈ります。その日に台風が当地に来そうな予報があっても祈ります。発生した台風がどういう経路を行くかは神の手の中にあると確信しています。結果はどうなるかというと、前日から安心できる天候になることもあるし、朝はシトシト降っていたが、開始直前にサーッと日が射すという感動的な情景になることもあります。その場合は、「神さまのおかげだね」と言って、喜び合います。

ノン・クリスチャンは、「神さまの特別のはからいか、ただの自然の成り行きか、わからないじゃないか」といぶかしく思うでしょう。思って当然です。しかし、この行事を大切に思って、何週間も前から「晴れますように」と祈ってきたキリスト者には別の感慨があるのです。神と一緒に語り合いながら、心配も打ち明けながら、一緒に準備してきたという感覚です。晴れたときの「神さまのおかげだ」という喜びは、この共にする旅路の中から出てくるものです。神さまが特別に晴れにしてくれたのか、もともと晴れになる天候配置だったのかの区別は、それほど問題にならないのです。

もちろん当日土砂降りになることもあります。ある老神父は教会のバザーのために毎年熱心に祈っていましたが、ある年は苦笑いして、「今年はだめでしたね」と言っていました。そういう感覚です。世の中の事情というものは、人間には見通せないほどに複雑に絡まり合っています。

いろいろ事情があって、今回の私たちのバザーは雨天の中で行うことになった。残念ではあるが、これはこれで良い面もある。必ずしも負け惜しみではありません。悪い状況の中でチームが助け合いながら最善を尽くすことができれば、その良さはたしかにあるのです。

いい加減な話だと思われるでしょうか。キリスト者の願い事の祈りは、神との親しい友情の交わりの中でするものです。自分の願いが叶うか叶わないかだけでギスギスしていては、友情の交わりではありません。何度も繰り返しますが、神と人間の関係性は、常に人間と人間の関係性に置き換えて考えると、理解が開けます。ふたりの人が交際するようになったとします。一人が「この人は私の要請を受け入れてくれるだろうか」と、それだけを考えているならば、相手の人を大事にしているとは言えない。要請を突き付けられる立場の人は愉快でないだろうし、要請する人も交際を楽しめなくなるでしょう。

神は良い天候にすることができるという信頼を持ち、「晴れますように」と何週間も前から熱心に、しかし強迫的にならないで祈る。そうすると、先行きへの漠然とした不安が少なくなり、眼前の準備に集中できます。予報が悪くて、この準備は無駄になるかもしれないと思っていると、一通りのことはしても、もう一段、もう二段工夫して良いものにしようとする意気込みは殺《そ》がれます。神を信頼し、神と対話しながら準備することによって、天気予報の良し悪しにかかわらず、前向きに集中して準備ができます。

祈りのこういう効果はキリスト教だけのものではなく、浄土真宗や日蓮宗のように定期的にしばしば祈るタイプの宗教にはあるものだと思います。他の優れた宗教と共有するものがあることを、キリスト教は喜んで認めます。ただ、「神がそれを望むなら、それは起こり得る」という確信は、キリスト者のほうが強いかもしれません。キリスト教にはこんな格言もあります。

祈るときは、すべては神次第というつもりで祈りなさい。仕事をするときは、全ては自分の努力次第だというつもりで努力しなさい。

13　願い事の叶い方にはいろいろある

だれにも、何も話さないように気をつけなさい。ただ、行って祭司に体を見せ、モーセが定めたものを清めのために献げて、人々に証明しなさい。

（マルコ福音書1章44節）

重い皮膚病を患っている人が、イエスのところに来て、癒しを願ったとき、イエスはその願いを叶えました（12を参照）。そして、そのあと彼に告げたことがリード文です。困難な病が癒されたという素晴らしい事実を、なぜ他人に告げてはいけないと命じたのか。その理由はいろいろ論じられています。聖書学では「メシアの秘密」と呼ばれる議論です。イエスは、苦難と十字架が救いを得るためには必須だとわかっていた。現実的な困難から救ってくれる人物だという期待を下手に高めてしまうと、やがて訪れる苦難の意義を人々が理解するのが難しくなると考えた。そういう議論です。ちなみに私は、この劇的な出来事を人々に吹聴していると、しだいに自分自身の自慢話になっていって、「あのイエスが私を心にかけてくれた」という出会いの事実を見失わせるからではないかと思っています。

では、「祭司に体を見せて、人々に証明する」というのはどういうことか。福音書の中には、イエスによる癒しの出来事が繰り返し語られていますが、病気そのものの治癒だけでなく、治癒することによって人間の共同体に帰還するということも強調しています。その時代には病そのものが穢《けが》れと見なされて、共同体から排除されることが多かったからです。イエスが「行って祭司に体を見せ、モーセが定めたものを清めのために献げて、人々に証明しなさい」と告げているのは、あなたはもう人間たちの共同体に戻れるのだと言っているのです。

現代のキリスト教は、イエスが自分に関わってくれることの恵みを、治癒そのものよりも、むしろ人間共同体との関係が回復することの中に見るようになっています。現代では、病気のせいで直ちに他の人々から排除されるということはほとんどありません。しかし病気になると、いろいろな意味で周囲の人々との関係が難しくなることは変わりません。まず厄介者になってしまったという意識から、本人が自分で疎外感を持ってしまうことがあります。自分の苦しみのことしか考えていないような病人の態度のために、周囲の人々が傷つくこともあります。口には出しにくい問題ですが、介護労働や医療費の圧迫も互いの心に影を落としています。本人や家族がイエスと語り合いながら、このような広い課題を落ち着いて処理していくことは、キリスト教信仰を持っていることの利益です。

病気の治癒だけが問題ではないと言うと、キリスト教は治す力を持っていないから問題を逸らしていると思う人がいるかもしれません。しかし、じっくり考えてみればわかることだと思います。苦しみの渦中にあると病気が治るかどうかが問題のすべてのように感じられますが、それがいちおう治ったからといって、人生の問題がすべて解決するわけではありません。いわゆる新宗教が興隆した基盤として「貧・病・争」が挙げられるのは、三つが並列しているということではなく、多くの場合この三つが互いに絡み合って苦しみを深くしているからです。キリスト者は神の助けによる治癒の希望は決して捨てていません。しかし、イエスに語りかけながら三点セットを解きほぐしていくことも、キリスト教信仰の大事な働きです。病気という現実問題を、「治る、治らない」だけで考えるのではなく、周囲の人々との関係の中で、また神との関係の中で丁寧に取り扱っていくということです。

日本の中年以降の男性の多くはいくつかの生活習慣病を抱えています。いちおう仕事はできる程度の病気でも、幸福度はいちじるしく下がります。こういう低空飛行の状態の中でも、イエスと語り合うことは助けになります。生活の改善に取り組んで立派に完治した人の話も聞きますが、多くの人は何とかしなければと思いつつ、あまり変えられないでいます。一つの理由は、いったん高血圧や糖尿病になると、それを治療しながら同時にしっかり仕事もするということが難しいからです。医者は（例外もありますが）、「何を言っているんだ、とにかく健康が第一だろう」と善意の叱責を与えるだけで、現代の日本社会で働く人の「そう休んでもいられない」という事情には同情が薄い気がします。一年仕事を完全に休んで治療に取り組めば完治できそうな気がしても、いちおう仕事はできるという段階で完全休養するのはとても難しい。ある程度は治療をしても、仕事をするとストレスがかかるので、それでつい暴飲暴食をして持病を悪化させてしまう。そういう繰り返しになりがちです。まず悪いところを全部治して、それから体調万全で仕事に復帰するという夢想は持たないほうがいいでしょう。また一方で、「節制してもどうせ同じだ」と自暴自棄にならず、粘り強く病気と付き合っていく必要があります。イエス・キリストとの対話は、そのような地味な歩みを支えてくれます。

依存症（アディクション）の問題もこれと似たところがあります。依存症は生活習慣病よりもずっと深刻なもので、宗教を持つといいと気軽に言えるものではありません。ただ、依存症からの脱出がとても難しい理由の一つは、その難しさを周囲の人に理解してもらえないということそのものです。「心の問題なんだから、本人の強い意志があれば脱出できるはずだ」という思いこみを、周囲の人たちはなかなか捨てることができないのです。難しさを理解されないことがストレスになり、また依存物質を摂取する羽目になり、それでさらに依存症を深めるというケースは多いようです。キリスト教信仰が依存症の治療に資するところがあるとすれば、それは強い意志を神に注入してもらうことではありません。むしろ、脱出の困難を本当に理解してくれる神の存在があるということです。アルコホーリクス・アノニマス（ＡＡ）のような自助団体では、依存症患者同士で経験を率直に話し合う時間を定期的にもつことが大事です。それはお互いの経験（自責や屈辱感）がよくわかるからです。しかし、人間同士の相互理解にはやはり限界があるに違いありません。意地の張り合いもあるでしょう。何の留保もなく、すべてを語り合うことのできるイエス・キリストの存在は大いに助けになります。

14　祈りの時間感覚

だから、言っておく。祈り求めるものはすべて既に得られたと信じなさい。そうすれば、そのとおりになる。

（マルコ福音書11章24節）

マルコ福音書では、イエスは祈りの力について極端なことを教えています。「この山に向かい、『立ち上がって、海に飛び込め』と言い、少しも疑わず、自分の言うとおりになると信じるならば、そのとおりになる」（11章23節）。リード文はそれに続くイエスの言葉です。

願う祈りについての福音書の教えは、ひどく非現実的に聞こえても、時間という要素を組み込んで考えるとある程度納得できるものになります。神に向かって、長い年月を熱心に祈り続けていくと、願う内容そのものがしだいに変貌してきます（15を参照）。そして、ある時点で、「ああわかった。これが私が願い求めてきたことなのだ」とはじめてわかるということがあります。次の文章は、ニューヨーク・リハビリテーション研究所の壁に患者が書いた詩です（一部）。キリスト者の間ではよく知られている詩です。

より偉大なことができるように健康を求めたのに
よりよきことができるようにと病弱を与えられた

幸せになろうとして富を求めたのに
賢明であるようにと貧困を授かった

世の人々の賞賛を得ようとして権力を求めたのに
神の前にひざまずくようにと弱さを授かった

人生を享楽しようとあらゆるものを求めたのに
あらゆるものを喜べるようにと生命を授かった

求めたものは一つとして与えられなかったが
願いはすべて聞き届けられた

神の意にそわぬ者であるにもかかわらず
心の中の言い表せない祈りはすべてかなえられた

この詩は人生の失望を広く網羅するように書かれています。しかもコントラストが強烈です（だから詩になっているのですが）。ノン・クリスチャンの方は「これって負け惜しみじゃないの」という疑念を禁じ得ないだろうと思います。ニーチェがキリスト教を罵倒したのは、まさにこういう物言いでした。実を言うと、私自身、負け惜しみが入っているかなと思わないでもない（笑）。それでも、一つか二つなら、実際にありえることではないでしょうか。

たとえば、自分では名家のつもりのおばあさんが、息子や娘、また孫にまで、他人様に自慢できるような有名大学に入って、人がうらやむ立派な仕事につけと尻を叩き続けてきた。でもどの子を見ても、期待したような華やかな暮らしはしていないのでがっかりしていた。しかし、自分がすっかり年を取り、死も近いと思うようになった時、財産やキャリアは何ほどのことでもない。ただ、仲良く暮らしてくれればいいと思うようになった。そして、気が付いてみれば、それはかなりの程度実現していた。「そうか、私が願っていたのはこういう家族だったんだ」とわかった。そういうことはありそうな気がします。

リード文が言っているのは、神に具体的なことを願い求めるとき、私が本当に求めているものは、ひょっとしたらいま願っていることではなくて、まだその奥に隠されているのかもしれないということです。そして、その心の奥の願いは必ず聞き届けられるのであり、その意味では「すでに聞き届けられている」。祈り続けることによって自分の願いがしだいに変貌していくであろうことを知りつつ、今の願いを真剣に熱心に祈りなさいという勧めです。

神にとっての時間は、人間に流れる時間とは違うと言われます。ヴィジュアルな比喩として、『ナルニア国ものがたり』シリーズの著者として知られる信徒伝道者、C・S・ルイスが次のように書いています。

もしあなたが時間というものを、それに沿ってわれわれが進んで行く直線として思い描くとするなら、あなたは神を、その直線が描かれているページ全体と考えなければならない。われわれはその直線の各部分を一つずつ通って行く。(中略)ところが神は、上から、あるいは外側から、あるいは全周囲から、その直線全体を包含し、それを全部見ておられるのである。

(C・S・ルイス『キリスト教の精髄』新教出版社)

先に、「lex orandi, lex credendi(祈りの構造は信仰の構造と対応している)」というキリスト教の格言を紹介しました(6、10)。教理や神学はそれを頭の中の論理操作としてやっていると、どこかで行き詰るものですが、何千年にわたるキリスト教の長い歴史の中で、「信者たちはどのように祈ってきたか」と対応させると、その意味がわかってきます。神の時間についての言述も、それだけを聞くと空疎に聞こえるかもしれません。せいぜい「ああそうですか」としか答えられない。しかし、キリスト者の祈りの実践における出来事として考えると、「神の時間」にもあんがい現実感があります。

15　祈りを向上させるのは、祈ることそのもの

祈りが祈りを浄める。
（長崎のある教会で見かけたポスター標語）

聖堂の壁にある貼り紙に、毛筆で黒々と書きしるされていました。私が見たのはコピーでしたから、長崎では少なくとも一時期かなり流布した標語かもしれません。多くの人がひたすら祈り続けてきた長崎らしい、美しい言葉だと思いました。

利己的な祈りはいけないと教えた時代もありますが、先に書いた通り、実はキリスト者はそれをそんなに心配しないものだと思います。こういう願いはキリスト者にふさわしいのか、利己的ではないのかと、あらかじめ自分で検閲したりしない。とにかく今の自分にとって切実な願いを神に申し上げる（1を参照）。

その語らいの中で自ずと、願いそのものが変貌していく。そして、祈りそのものも美しく変貌していく。つまり、「祈りが祈りを浄める」。祈りの仕方を知的に考察して、その結果に基づいてより良いものに変えていくというのではない。祈りをより良いものにする力は、祈ること自体の

中にあるという考えです。会社で出世したい、長生きしたいと本当に思っているなら、それ自体は決して悪いことではないのですから、そう祈ってもよいのです。

　長崎の神父に、「本当においしいカンコロ餅は、つなぎのモチ米はほとんど使わない。ただサツマイモだけを練りに練って作るものだ」と聞いたことがあります。カンコロ餅とは、サツマイモとモチ米を混ぜて作る、長崎の五島《ごとう》地方の食べ物です。神父の言葉は信仰生活の比喩として言われたものです。祈りだけを長い時間をかけて、ひたすら練りに練っていく。そこから美しい祈りが育っていくということでしょう。

　今の自分にとって切実な願いをイエス・キリストに向かって祈り続けることによって、祈る人がいつの間にか変貌する例として、古代の有名な聖者アウグスチヌス（三五四〜四三〇）の母モニカの例をあげてみます。アウグスチヌスは北アフリカのヒッポという小さな町の司教でしたが、カトリック教会の歴史の中で最大と目される神学者でもあります。父親は信者ではなかったが、母モニカは熱心な信者で、息子もキリスト者になるよう願っていました。当時は幼児洗礼の習慣はまだなかったので、アウグスチヌスは壮年まで信者にはならず、ギリシアの哲学やマニ教という当時の新興宗教を遍歴していました。そして、ローマ帝国での栄達を求めて、弁論術と修辞学の教師として、北アフリカからローマ、そしてミラノへと転々としました。息子を心配するモニカもそのあとを追いました。いささか厄介な母親でもあるのです。

　彼は若い時に内縁の妻を持ち、子供もいました。アウグスチヌスは若い頃に放蕩にふけった聖者と思われていますが（本人がそう言っています）、実際は堅実な家庭を営んでいます。モニカは息子が良きキリスト者になることを望んでいましたが、同時に才能ある息子を持った母親として、アウグスチヌスの世俗的な出世も望んでいたようです。良家の娘と結婚できるように子供までなした内縁の妻（低いとされた身分の出身）を離別させました。泉鏡花の『婦系図』か、森鷗外の『舞姫』みたいな酷い話です。彼自身がこの離別をどう考えていたのかは、『告白』の記述からはよくわかりません。

結局、アウグスチヌスはミラノの司教アンブロシウスの導きもあって、三十二歳の頃に洗礼を受けました。その意味では、母モニカの祈りはかなえられました。しかし、その後すぐ、彼は世俗的栄達の道を目指すことを止めて、友人たちと一緒に隠遁生活に入りました。息子の出世を望んで内縁の妻と引き離すことまでしてのけたモニカですが、この成り行きを平穏に受け入れています。アウグスチヌスは北アフリカに帰ることにして、モニカも同行しますが、ローマ郊外の港オスチアで病を得て、モニカは息を引き取ります。この母と子の別れは、『告白』の中で最も美しい場面とされています。母モニカは息子のために長年熱心に祈ってきました。その祈りの中には、はっきり言葉にしたかどうかはともかく、息子の栄達という世俗的な願いも相当程度入っていたでしょう。しかし、とにかく神に本気で祈り続けた。その長い年月の祈りの中で、モニカの願いそのものが自ずと変貌を遂げたのではないかと思います。いつのまにか世俗の栄達へのこだわりが自然に消えていたのでしょう。

怒りや嫉妬にせよ、野心にせよ、誰にも語らず、ただ感情に身をまかせたり、あるいは反省によってコントロールしようとするだけでいたら、人間の心はしだいに澱《よど》んできます。自己を反省するのは悪いことではないみたいだけれど、自分の意志の力で自分を律しようとするだけだと生き方が硬直します。小林康夫という哲学者がこういうことを言っています。

こころにとっては、流れ入るということが最高の経験で、流れが止まった場合には、こころが自《おの》ずからその中でマイナスの渦をつくり、いわば自己破壊を起こします。すべてのこころの生態系にとって、あるいはエコシステムにとって大事なことは、「流れていくこと」だと思います。

（小林康夫他『こころの生態系』講談社プラスアルファ新書）

心を許せる親しい人とあれこれ語り合っていると、おのずと懐の深い変貌がおこることは、人間同士の交際でも感じることでしょう。キリスト者にとって、イエス・キリストは、最も心の許せる友人、じぶんの心が流れていく大きな海です。

16　奇跡がなければキリスト教じゃない

人間は人間だけですべてをやる必要はない。世界にはほかにいろんな力がはたらいている。それらが助けの手をさしのべてくれたり、必要な条件をととのえてくれたりするんだ。

（ミヒャエル・エンデ『オリーブの森で語りあう』岩波書店）

ミヒャエル・エンデ（一九二九〜一九九五）は、『モモ』『はてしない物語』などで有名なドイツの児童文学作家です。その作品は寓話性が強く、現代社会への批評として歓迎されています。リード文は、政治家のエアハルト・エプラー（自覚的なプロテスタント）、社会的な演劇を主宰するハンネ・テヒルとの鼎談からのものです。ヨーロッパの有名な文化人の多くは、子供のころに洗礼を受けているかもしれないし、少なくともキリスト教的な文化に馴染んでいると思われます。しかし、エンデやテヒルが、イエスとパーソナルな語り合いをするという意味でのキリスト者であったのか、それをたしかめる手段は手近にありません。それでも、エンデのこのような言葉はキリスト教のバックグラウンドを感じさせます。

キリスト教信仰は、当然ながら、「神に願えばそれは必ず叶う」というものではありません。キリスト教を揶揄する文章の中では、キリスト教がそう主張しているかのように言われていることがありますが、正統派のキリスト教がそれを主張したことは一度もないはずです。論者によって表現の仕方はいろいろあると思いますが、大きく逸脱することはないでしょう。しかし一方で、「祈って現実の困難が去るわけじゃないが、心に平安が与えられる」とだけ約束するのがキリスト教でもありません。

キリスト教における奇跡の信仰とは、「その素晴らしいことは〝起こり得る〟」ということです。エンデは同じ鼎談の中で「事実の強制力」という問題を取り上げています。つまり、「現実はこうだ（こうでしかありえない）」という思いに囚われて、より良い未来を自由に構想することさえできなくなってしまうことです。「われわれは現実をもとに話をしなければならない」というその現実の中には「トレンド」も込みになっています。トレンドはこうだから、未来はこの範囲の中にしかないと思い込むのです。それが私たちの生活を息苦しいものにしています。しかし、「現実はこうでしかありえない」、「未来はこの範囲の中にしかない」と誰が決めたのか。石が下に落下するという物理法則はともかく、世界の成り行きについては「こうでしかありえない」ことはないはずです。それは宗教を持たない人でさえ認めるはずのことではないでしょうか。まして、天地の創造主である神なら、人間の目には巌《いわお》のように揺るがぬかに見える「現実」を越えることだってできる。

アメリカ黒人の公民権運動の先頭に立ったキング牧師の有名な演説「わたしには夢がある」（I

have a dream）は、「それは起こり得ることなのだ」というメッセージを、リフレーンを効果的に用いつつ語りかけたものです。こぶしを振り上げて、「この現状をゆるせない」と叫ぶだけであったら、熱い演説ではあっても、あれほどの深い持続的な影響を与えることはできなかったでしょう。日本の社会運動に欠けているものの一つは、「それは起こり得ることなんだ」という明るい楽観性のような気がします。

「昔のキリスト者は奇跡のゆえに信じたが、現代のキリスト者は奇跡にもかかわらず信じる」という言葉があります。逆説的な言い方ですが、一理あります。奇跡が起こるということは、現代のキリスト者を落ち着かなくさせるところがあるからです。そもそも今の科学的な世界観にそぐわないように思えるし、それを乗り越えたとしても、「あの人の癌が奇跡で治ったのなら、なぜ私の子供の病気は奇跡で治らないのか」といった問いが前景化してしまうからです。奇跡などは起こらないが、キリスト教信仰は病苦や死別に耐える力を与えてくれるというキリスト教観の方が、現代の信者には受け入れやすいのです。遠藤周作は「無力なキリスト」を強調しましたが、彼のキリスト論に人気があるのはそのせいもあるでしょう。

一方で、「奇跡がなければキリスト教じゃない」という言葉もあります。乱暴に聞こえるかも知れませんが、それはそれで正しいのです。キリスト教信仰の世界は、思いもかけぬ素晴らしいことが起こり得る世界です。大きな困難に陥ったとき、「素晴らしいことは起こり得る」という親しい信頼の中で、「神さま、私を助けてください！」と願う。それは、神と人との親しい対話の一部です。そして、素晴らしいことが実際に起こるかもしれないのだという真剣な期待は、キリスト者の信仰の欠けてはならぬ一部分です。「祈って治るわけじゃないことはわかっています、ただ私に心の平安を与えてください」という交際の仕方は冷淡です。もちろん、願いを熱く表現するキリスト者もいるし、またクールに見える人もいます。それでも、神は私に思いがけない良いことをしてくださるかもしれないという期待は、キリスト者の魂に息づいています。

そして、実際に思いがけない良いことが起こることはあります。フランスにルルドという町があって、ベルナデッタという少女に聖母マリアが出現したという洞窟があります（最初の出現は一八五八年）。そこでは多くの現代（当時）の医学では説明できない治癒が起こっています。もちろん、治癒したのは、それを期待して訪れた病人の中のほんのわずかな数にすぎません。しかし、ルルドを訪れて神への信仰と親しみを増した人は少なくありません。ルルドの奇跡は、治癒が起こらなくても多くの人が明るい表情で帰っていくことだともいわれます。「深刻な困難からの、奇跡と呼びたくなるような救いへの願い」と「奇跡はなくてもよい、地道に神と歩む喜び」が、キリスト者の中には同時にあります。

17 キリスト教は肯定する

神はお造りになったすべてのものを御覧になった。見よ、それは極めて良かった。
（創世記1章31節）

創世記の冒頭には、天地と人間の創造についての二つの物語が置かれています。リード文は、第一の創造物語のほぼ終結部です。創造物語が歴史学的な記述でないことはキリスト教も認めています。「神話」と呼んでもいい。「安全神話」という言葉が使われ出して、神話という言葉の意味が意図的な嘘っぱちと同じになりましたが、本当はそうではありません。天地と人間についての根源的な真実を告げるのが、神話の役割です。「世界とは、人間とは、本来どうあるはずのものなのか」ということを物語の形で表現しています。それは現状が「本来そうあるはずのもの」とは違ってしまっていることへの批評や批判にもなっています。キリスト教の場合、それは神からインスピレーションを得て、聖書記者が描いた物語です。

さて、キリスト教では、「福音」という言葉をよく使います。普通の文章の中でもけっこうお馴染みでしょう。言葉というものは、使われていくうちに意味がずれてくるものなので、意味を確認しておきたいと思います。よく使われているのは、便利な発明品が出現したときです。例えば私は字が下手で、手紙を書くのに苦労するのですが、ワード・プロセッサと電子メールが登場したおかげで、人とのコミュニケーションが格段に良くなりました。この場合、私にとって、「ワード・プロセッサと電子メールは福音だった」。そういう言い方をすることができます。ふだんの生活で福音という言葉を使うのは、こういうケースが多い。つまり「福」に重点がある。人を幸福にするものという感じです。しかしキリスト教で言う福音は、それに似ているが、大事なところで違っています。それはキリスト教の福音には、電子メールのように、有無を言わさぬ「現物」はないということです。

「福」は確かに幸福の福です。幸せという意味です。音《いん》というのは、最近あまり使われなくなりましたが、音信（おんしん、いんしん）の音です。幸せな音信、即ち「良い知らせ」という意味です。神から手紙が来たようなものですが、良い知らせというのは何かというと、「この世界のあり方」についての知らせです。

私たちは自分なりに生きていて、自分の世界を持っています。この世界はこういうものだとある種の感想は持っていると思います。キリスト教の福音というのは、そこに別の人が出て来て、「そうじゃない。あなたが生きている世界の本当のあり方はこうなのだ。だからこんなふうに生きていこう」と告げることです。重点は前半です。つまり、「世界の本当のあり方」についての知らせです。後半の「こう生きていこう」という招きは、「世界の本当のあり方」を根拠にしています。

後半のほう、「生き方」ばかりが強調されると、宗教ではなく、道徳になってしまいます。キリスト者の中にも、福音を告げ知らせるということを、「困窮している人を助けよう」といった善行の勧めと思っているらしい人もあります。つまり、福音を、身近な人を「幸福にしてあげよう」という「教え」だと考えているのです。日本人は、実行はともかく、思いとしては道徳的な人が多いので、この理解にずれていくのですね。この理解が間違いだということは、はっきりと言っておきたいと思います。福音とは、まず、「世界の本当のあり方」についての知らせです。

さて、この世界はどういう場所だとキリスト教の福音は知らせているかといえば、リード文にある通りです。「この世界は大丈夫な場所だ」ということです。勿論ディズニーランドじゃない。お金さえ払えば、何のトラブルもなく、楽しく遊べるわけではありません。私たちが住んでいる世界には、波風がある、トラブルがある。それは一目瞭然です。それにもかかわらず、根底的にこの世界は「大丈夫な場所」なのだと告げるのが、キリスト教的福音です。だから、誰でもそれを納得するとは限らないものです。「そんなことはありません。私はこんなひどい目に遇い続けてきました。この世界が大丈夫な場所であるはずがないじゃないですか」。そのように反論する人がいても不思議ではない。福音を告げ知らせる者は、それを証明することは出来ないのです。ただ「告げ知らせる」ことができるだけです。「いろいろあるだろう、あなたが楽な人生を歩めるとは私は保証しない。しかしそれでも根底においてこの世界は大丈夫な場所なのだ。そのようにして生きていこうじゃないですか」。それがキリスト教的福音です。

「そのように生きていきなさい」と上から教え諭すだけではない。その旅路を語り合いながら一緒に歩んでくれるイエス・キリストが、あなたのすぐ傍まで来ているというのが、キリスト教の告げる福音です。マタイ福音書の冒頭に、イエスの名前についての記事があります。誕生の前に、天使が養父になるヨセフに告げた名前がイエスです（1章21節）。これは「神は救う」という意味です。しかし、続けてこう書かれています。

このすべてのことが起こったのは、主が預言者を通して言われていたことが実現するためであった。

「見よ、おとめが身ごもって男の子を産む。その名はインマヌエルと呼ばれる。」

この名は、「神は我々と共におられる」という意味である。

（マタイ福音書1章22〜23節）

生まれてくる人物の名前はイエス（神は救う）であるはずなのに、旧約（イザヤ書7章14節）で預言されていた名前はインマヌエルであるということは、神が与えてくれる救いの根源は、「我々と共にいる」ことであるというキリスト教信仰の根本的な主張がここに示されています。

18　なぜ世界には悪や不幸が溢れているのか

わたしたちの戦いは、血肉を相手にするものではなく、支配と権威、暗闇の世界の支配者、天にいる悪の諸霊を相手にするものなのです。

（エフェソの信徒への手紙、6章12節）

新約聖書には、使徒パウロ（生年は不詳、六五年頃にローマで殉教）の書簡とされるものが十三含まれています。しかし、その後の研究で、そのすべてがパウロ自身の書簡ではないことがわかっています。いわゆるエフェソ書も、パウロがエフェソの教会へ書き送ったものではなくて、後代の人（たぶん弟子）が使徒の名前を借りて書いたとされています。書簡というよりは、よくまとまった信仰生活への勧めです。一貫性がありながら視野がたいへん広く、宇宙的なスケールで教えが展開されています。リード文もその一例です。

ミサで唱える使徒信条では「天地の創造主、全能の父である神を信じます」とあります。「父」という言葉には、神は善なる存在であり、人間たちの幸福を望んでいるというニュアンスが含まれています。また、全能とされています。しかしその一方で、この世界には苦痛と悲惨が満ち溢れています。「善なる神」、「全能の神」、「世界の悲惨」、この三つがどう調和しえるのかは、キリスト教信仰がずっと悩ましく考え続けてきたことです。

善である神が創造した世界に、どこから、なぜ悪が侵入してきたのか。聖書によれば、最初の人間であるアダムとエバが神の言いつけに背いたからとされています。教会はこの違反（原罪と呼ばれます）を重大なことと考え、専らこれを論じてきました。しかし、最初の違反それ自体は、それほど極悪非道なものとは思えない。ついやっちゃったという感じの行動です。むしろ、その軽率な行動が悪が侵入してくるきっかけを作ってしまったことが問題なのでしょう。使徒パウロも「一人の人によって罪が世に入り、罪によって死が入り込んだ」（ローマの信徒への手紙、5章12節）と書いています。侵入してきた悪の力は、いまでもこの世界の中で活動を続けています。それが「支配と権威、暗闇の世界の支配者、天にいる悪の諸霊」とこの書簡の著者が呼んでいる存在です。たぶんパウロの教えを受けてのことです。では最初、二人の違反を入り口として、入り込んできた罪（悪の力と言っても同じです）はいったいどこから来たのか。善そのものである神が世界を創造したのに、どうしてそんなことが起こるのか。

これはたぶん論理的にきれいに解けない問いです。だから、教会はその問いに答えることよりも、アダムとエバが開いてしまった入り口を閉じることに力を傾注してきたのだと思います。もちろん、イエス・キリストと共にです。リード文の「わたしたちの戦い」は、キリスト者たちのことですが、同時に、人間たちと共に歩むイエス・キリストを含んでいます。

原因の究明よりも、今ここにある悪と戦うことを重視する考えは、キリスト教だけのものではありません。仏教には、有名な「毒矢のたとえ」という教えがあります（中阿含経《ちゅうあごんきょう》）。ある人が厚く毒を塗った矢に射られて、生命が危ういとします。そのとき、矢を受けた人が医者に向かって、「この毒矢の素性を知らないうちは、治療はさせない」と言っていたら、それを調べている間に死んでしまいます。素性とは「その矢を射たのは誰か」、「射手は何国人か」、「どういう身分か」、「毒の成分は何か」といった問いです。

これはためになる教えです。仏教の実践的な面が良く出ていると言えるでしょう。世間の事柄でも、あれこれ原因を考えて追及するより、すこしでも解決に近づく方法を考えて、それを実践すべきだという考えは理に適っています。心理療法家の河合隼雄氏は、家族に問題が起こると悪者探し（原因探し）をしようとするのが世の常だが、それが解決をさらに遠ざけると言っています。俗流化した心理学がまずいのは、「原因となった出来事（過去のトラウマ的出来事）を知れば問題は解決するはずだ」という思い込みを強めるからです。

キリスト教も毒矢のたとえを有用なものと考えています。しかし、キリスト教は考えることを止めない宗教でもあります。全能にして善そのものである神が創造した「善なる世界」になぜこれほどの悪があるのか。この質問に答えようとするのは、最初から負けが決まった勝負に打って出るようなものです。未知数が三つあるのに、方程式が二つしかない数学問題みたいです。それでもキリスト者たちが（代表である神学者たちが）考えるのを止めないのは、連立方程式がきれいに解けないとしても、考え続ける苦闘の中で、神と世界と人間についての新しい洞察を得ることはありえると考えているからです。

たとえば、「最初から世界を善悪二元論で考えれば、すっきりするじゃないか」という言い分に対して、C・S・ルイスはこういう反論をしています。善と悪が同等に並び立っているなら（善悪二元論はそういうもののはずです）、一方を善と呼び、一方を悪と呼ぶ理由はないことになる。紅組と白組があるだけ、自分はたまたま紅組に入っているというだけのことになる。両者の戦いは、どちらにも正義はなく、ヤクザ同士の抗争になります。悪と呼ばれる側をも拘束する「善」があるからこそ、善と悪がありうるのだ。これは怜悧《れいり》な反論です。善悪二元論ならすっきりすると主張する人は、本当にこの立場をとるつもりがあるでしょうか。

もちろん、これでルイスの完勝というわけではありません。ルイスは悪の存在という問題に解答を与えたわけではありません。善悪二元論者にもさらに反論があるかもしれません。それも受けて、また考え続けるのがキリスト教の歴史です。

19　神と折り合いがつかない

俺は神を認めないわけじゃないんだ、アリョーシャ、ただ謹んで切符をお返しするだけなんだよ。

（ドストエフスキー『カラマーゾフの兄弟』原卓也訳、新潮文庫）

イワン・カラマーゾフは、ドストエフスキー（一八二一〜一八八一）の長編小説『カラマーゾフの兄弟』（一八八〇）の主人公の一人です。猥雑な生命力を持つフョードル・カラマーゾフには三人の息子がいて（他に認知されていない息子が一人ある）、イワンは次男です。彼は父親に放置されて、ほとんど自力だけで道を切り開かざるをえなかったのですが、その哲学的能力と文才によって多少は人に認められるようになってきています。そのイワンが久しぶりに父の町に帰ってきたときに、弟（三男）のアリョーシャに出会って交わした長い対話があります。イワンは「幼い子供の苦難」について熱心に語りますが、リード文はその一部です。

イワンは、大人によって罪のない無垢な子供たちが虐げられる実話をいくつも語ります。実に惨たらしいエピソードばかりです（加害者が実の親であるケースも）。しかし、だからと言って、イワンは神など存在しないとは言いません。ここに彼の議論の怜悧さがあります。この世界の歴史が締めくくられるときには、人の想像の及ばぬ美しい調和が達成されるであろうことも信じると、雄弁な言葉で述べます。

ああ、アリョーシャ、俺は神を冒瀆してるわけじゃないんだよ！　やがて天上のもの、地下のものすべてが一つの賞讃の声に融け合い、生あるもの、かつて生をうけたものすべてが「主よ、あなたは正しい。なぜなら、あなたの道が開けたからだ！」と叫ぶとき、この宇宙の感動がどんなものになるはずか、俺にはよくわかる。母親が犬どもにわが子を食い殺させた迫害者と抱き合って、三人が涙とともに声を揃えて「主よ、あなたは正しい」と讃えるとき、もちろん、認識の栄光が訪れて、すべてが解明されることだろう。（同前）

ところが、イワンの話はそれで終わりません。この神への承認は、むしろこの後の主張を際立たせる効果を狙ったものに過ぎないのです。イワンは続けます。「しかし、ここでまたコンマが入るんだ。そんなことを俺は認めるわけにいかないんだよ」。そして、こう言い放ちます。

俺は調和なんぞほしくない。人類への愛情から言っても、まっぴらだね。（中略）たとえ俺が間違っているとしても、報復できぬ苦しみと、癒やされぬ憤りとをいだきつづけているほうが、よっぽどましだよ。（中略）だから俺は自分の入場券は急いで返すことにするよ。（中略）

俺は神を認めないわけじゃないんだ、アリョーシャ、ただ謹んで切符をお返しするだけなんだよ。（同前）

つまり、神の存在もその究極の善意も否定しないが、世界の現在のあり方を許す神との交際は謝絶すると言っているわけです。もちろん、イワンのこのような能弁を言葉通りに受け取ることはできません。ドストエフスキー作品の登場人物は複雑で多面性を持っています。高潔らしいことを言うイワンですが、彼は子供を助けるための現実的な活動は何ひとつしてはいません。今の自分の衝動的で自己中心的な生き方（カラマーゾフ的な生き方）を正当化するためにこういう饒舌を振るっているのかもしれない。しかし、イワンの雄弁が多くの混じり物を含んでいるとしても、彼の魂が世界に存在する苦難を見聞きすることによって傷ついていることも事実だと思います。人間にとっての苦痛はいろいろありますが、最も人間を虚無的にするのは、自分自身の苦痛よりもむしろ、自分には何とも出来ない他人の苦痛を眼前に見せつけられることかもしれません。この苦難は現代ではさらに増しつつあります。一人ひとりの人間の他人を助ける力は大して増えていないのに、メディアの発達によって世界の人々の苦痛に関する情報は日々私たちの魂を爆撃し続けているからです。その状況は、人を虚無的にしていきます。

イワンの議論は鋭いもので、反論はほとんど不可能に思えます。しかし、欧米の思想的長編小説の面白さは、思想が人間に与える影響を、登場人物の運命を通して描いているところにあります。もちろんフィクションですから、こういう思想を抱くと必ずこういう陥穽に落ちるという証明になっているわけではありません。しかし、「そういうものかもしれないな」程度の説得力はあります。イワンが幼い子供の苦難に憤り、神との交際を謝絶してみせた姿は颯爽として見えますが、彼の実際の生き方はあまり立派ではありません。カテリーナという、誇りの高さがねじくれてしまったような美女との恋愛に絡め取られてジタバタします。「すべてはゆるされる」という虚無的な哲学を弄んで、そういう思想に影響されやすい素地を持ったスメルジャコフ（フョードルの認知されていない四人目の息子）に吹き込みます。しかし、それを知ったイワンは自分の思想の結果を自分で引き受ける気概がなく、ただうろたえるばかり。自分が物の数とも思っていなかったスメルジャコフにまで軽蔑されます。兄のドミートリイが父殺しの容疑で逮捕されると、最後は精神錯乱に陥ります。神との対話を拒絶した人間が、羅針盤を失って漂流するという成り行きです。

欧米の思想に関心のある人は、キリスト教に対する神義論的疑問（神の義を問うこと）についても知っていることが多いようです。それに強い印象を受けた人にとっては、キリスト教信仰に入るという選択肢は、その時点で問題外になっていることもあると思います。今の若者言葉で言えば、「キリスト教なんて、ありえなくない？」とね。しかし、キリスト教をやっつければ、世界の苦難が消えてなくなるわけではありません。苦難はあくまでもあるのです。その現実を、自分がどう受け止めるのかを考えてほしいと思います。

信仰の門に入り、かなりイエスとともに歩んだあとでも、あるとき神義論的疑問に突き当たって、自分は本当にこの道を歩んで行けるのか、と確信が危うくなることもあります。現代社会に生きて、物を考える人であれば、そういう疑いからまったく自由であることは難しい。と言うか、そういう疑いをまったく持たないとすれば、その方がおかしいでしょう。

問題はその先です。自分は、「それでもなお」神との対話を続け、神と共に人生の旅路を歩んでいくのか？　キリスト教信仰は、神からの招き（呼びかけ）への応答です。一緒に歩もうじゃないかという招きに、「わかりました。そうしましょう」と応答した。どんなに理不尽に思えることを体験し、また見聞きしても、「それでも」応答し続ける人がキリスト者と呼ばれる人々です。

20　神との対話が始まらない場合

私は自分の問題が解決するかと思って、洗礼を受け、礼拝に忠実に参加し、教会の仕事も引き受けて働きました。しかし、私の問題は何も解決しません。だから、もう止めます。

（教会を辞めた婦人の言葉）

　ある牧師の書いた記事で読んだ実話です。あまりにも率直というか、身も蓋もない話なので、記憶に残っているのです。一人の女性が牧師のもとを訪れて、たいへん深刻な悩みを相談しました。その結果、キリスト教の勉強を始めて、しばらくして洗礼を受けました。非常に熱心な信者で、日曜日の礼拝にはかかさず出席するし、献金（教会維持費）も潤沢に拠出してくれる。それだけでなく、教会運営のための仕事（会計とか）も引き受けて、よく働いてくれる。牧師は良い信者が誕生したものだと喜んでいました。ところが、半年ほど経つと、その女性が牧師を訪れて、「もう信者を止めます」と宣言しました。牧師が驚いて理由を尋ねると、リード文のように答えたというのです。

キリスト者にとっては、イエス・キリストとの交際が深まること自体が喜びになります。もちろん、自分の現実的な望みが叶うかどうか、困難から逃れることができるかどうかが、どうでもよくなるわけではありません。ただ、人間にとって最も深い喜びは「命ある存在」との交わりの深まりです。それはイエス相手に限ったものではなく、普通の人間同士の恋愛や結婚の喜びも含まれるでしょう。逆に言うと、神との交際が深まることの喜びを知り始めた人が、キリスト者として生き続けるのだとも言えます。

しかし、神との交際は教会側（牧師や神父）の対応が適切であれば必ず始まるという予定調和ではありません。キリスト教に触れて、教会にも通ったが、リード文の女性のように、神との対話（交際）は始まらなかったというケースは珍しくありません。私はキリスト者として残念には思いますが、誰が悪いということではないと思います。牧師が安心していたのは、たぶん、聖書を一緒に読んで感想を言い合うような集まりでは、（御利益の話だけではなく）それなりにキリスト教的な物言いができていたからでしょう。しかし、この女性とイエスの間では、最後まで「自分の願いがかなうかどうか」だけが問題であって、情愛を含んだ交際の喜びは成立しなかったのです。最初の出会いが問題解決志向だったことが悪いのではありません。問題の解決を求めて教会に通い、祈り続けているうちに、しだいに神自身との交際に入っていったということはよくあります。「苦しいときの神頼み」ということわざがありますが、必ずしも悪いことではありません。信仰の始まりになるかもしれないのです。ただ、この女性の場合はその先の交際が始まらなかった。

キリスト教に関心をもって教会を訪れてきた人の中には、そのうち洗礼を受ける人と、結局受けない人がいます。当たり前ですが、受けない人のほうがずっと多い。不思議に思うのは、この人は洗礼を受けるか受けないか、その予想がつかないことです。キリスト教の話を聞くと、たいへんよくポイントを理解して、的確な質問をする人がいます。これはこのまま行くかなと楽しみにしていると、いつの間にか来なくなる。一方、最初から嫌々という雰囲気、あるいは敵意さえ感じさせる態度をとり、話もあまり理解していないと見える人の中に、続けてやってきて、洗礼に至る人があります。もちろん、受けそうに思える人が順調に洗礼を受けて、受けそうに思えない人がやはり洗礼を受けないということもあります。まったく予想がつかない。だから、宣教しようとする者は、訪れてきた人の立ち居振る舞いから、「この人は信者になりそうにないな」と最初から諦めてかかってはいけないわけです。

イエス・キリストとの対話が始まるかどうかは、恋愛の始まりに似ているような気がします。「恋は思案の外《ほか》」と言いますが、世の常の尺度だけでは測れないようです。それで思い出すのですが、プロテスタントには予定説という教理があります。カルヴァンという十六世紀の宗教改革者が主張したことです。たいへん過激な話で、プロテスタントでも受け入れる人と受け入れない人があります。つづめて言うと、神の救いを受ける人と、救いを受けることができず滅びに至る人は最初から決まっているということです（だから予定説というのです）。滅びに定められている人は自分の努力でその運命を変えることはできない。そういう教理です。カトリックは予定説を受け入れませんし、私もとんでもないことを言っていると思っていました。

しかしあるとき、予定されているのは「イエス・キリストという存在にふと心が向くかどうかだ」という話を聞いて、なるほど予定説にも一理ないわけでもないと思うようになりました。キリスト教とはこういうものだという説明を、いちおうは論理的に整合性のあるものだと評価するとしても、「ふーん、イエス・キリストなる神と一緒に歩いてみるか」という思いがふと浮かぶかどうかは、また別の話です。「思いがふと浮かぶ」かどうかは、本人の善良さとはあまり関係がないし、接触したキリスト者の立派さだけによるものでもない。なぜそうなるのかわからない。その不思議さを「予定されている」と表現することもできるでしょう。

一方、いったんイエス・キリストと一緒に歩いてみるかという思いが兆したあと、それをどのように育てていくかについては、本人と周囲の信者たちの努力が大いにかかわってくることでしょう。

21　なぜ願いが叶わなくても信じる人がいるのか

わたしは知っている。わたしを贖《あがな》う方《かた》は生きておられ、ついには塵の上に立たれるであろう。この皮膚が損なわれようとも、この身をもって、わたしは神を仰ぎ見るであろう。このわたしが仰ぎ見る。ほかならぬこの目で見る。腹の底から焦がれ、はらわたは絶え入る。

（ヨブ記19章25〜27節）

旧約聖書のヨブ記は、財産家で徳望もあった主人公が、一夜にしてすべてを奪われて、それを神に激しく抗議する物語です。まず財産を奪われ、子供たちを奪われ、健康を奪われ、そして妻までも去っていきます。さらに同情して訪れた親友たちとも、この悲惨の解釈をめぐって仲違いする。まさに、四面楚歌、八方塞がりです。しかも、その出来事が起こった背景は、神とサタンが、ヨブの立派さが本物なのかどうかという賭けをしたからだという設定になっています。そういう賭けをする神はきわめて問題です。キリスト教に懐疑的な人たちも、なぜかヨブ記だけは好んで論じます。聖書自体の中に神への疑惑が表明されていることを痛快に思うのでしょう。

キリスト者にとってのこの物語の意義は、ヨブが神に語りかけることを止めないということです。もう私を放っておいてくれと呻《うめ》くときさえ、それは神に向かって語っているのです。テレビドラマには、苦しい思いをしている人が、励ましたり慰めたりしてくれる親友に向かって、「あんたに何がわかるっていうの！」と叫ぶ場面がよくあります。しかし、「あんたに何がわかるっていうの！」と怒鳴れる相手がいるうちが花だとも言えます。

いいしいひさいちの四コマ漫画にこういうのがありました。サラリーマンらしい男性が独り暮らしのアパートでドテラを着て憮然《ぶぜん》として酒を飲んでいます。会社で嫌なことがあったらしく、感情がしだいに激してくる。とうとう、ちゃぶ台を自分でひっくり返して、「やってられるか！」と叫びます。そのあと彼がどうしたかというと、やはり憮然とした顔をして、ひっくりかえしたちゃぶ台や茶わんを自分で黙々と片付け始めるのです。これが実に情けなくて、思わず同情してしまいます。彼には「やってられるか！」という自分の叫びを受け止めてくれる人、「まあまあ、そう言わんと」と宥《なだ》めてくれる人がどこにもいない。先ほどのテレビドラマの例のように、「全力で怒鳴ることができる相手」が一人はいるということは、当人にとって救いにもなっているのです。心配してあげているのに怒鳴られた友人は不本意でしょうが、自分もちょっとは役に立ったんだと思って、気を悪くしないようにしましょう。

一方ヨブは、神の仕打ちはともかくとして、自分の叫びを聞く神があることは決して疑わない。キリスト教信仰においてこの書物がたいへん尊ばれるのは、そのためです。

もうたくさんだ、いつまでも生きていたくない。
ほうっておいてください
わたしの一生は空しいのです。

人間とは何なのか。
なぜあなたはこれを大いなるものとし
これに心を向けられるのか。
朝ごとに訪れて確かめ
絶え間なく調べられる。
いつまでもわたしから目をそらされない。
(中略)
なぜ、わたしに狙いを定められるのですか。
なぜ、わたしを負担とされるのですか。

(ヨブ記7章16〜20節)

そして、神に叫び続けたヨブは、自分の叫びを遠くで聞くだけでなく、一緒に親しく立つ方を予感します。それがリード文です。内村鑑三は、この章句をヨブ記の頂点、旧約全体の頂点と考えました。人となって地上に立つ神、イエス・キリストへの予感だからです。ヨブ記の中で、この洞察は暗闇の中に一瞬閃《ひらめ》く稲妻のような直観です。ノンディレクティヴ（非指示的）カウンセリングでは、クライエントが何度もセッションを繰り返して、苦情や恨みや怒りをただひたすら話す。その中で、しだいに自分である洞察に近づくことがあるそうです。ヨブにもそれに似たことが起こったのでしょう。

ただし、この洞察はヨブ記の中でそれ以上展開されることはなく、旧約聖書全体でも明確に発展させられてはいません。神と神が創造したこの世界を受け入れるには、一時的な洞察だけでなく、イエス・キリストとの長い語り合いが必要です。それはその存在の実際の訪れを待たなければなりません。先に触れた『カラマーゾフの兄弟』でも、イワンの弟、アリョーシャ・カラマーゾフが兄にそれを告げています。もっとも、怜悧なイワンは弟の回答をすでに予測しているのですが。

兄さんは今、この世界じゅうに赦すことのできるような、赦す権利を持っているような存在がはたしてあるだろうかと、言ったでしょう？　でも、そういう存在はあるんですよ、その人ならすべてを赦すことができます、すべてのことに対してありとあらゆるものを赦すことができるんです。なぜなら、その人自身、あらゆる人、あらゆるもののために、罪なき自己の血を捧げたんですからね。兄さんはその人のことを忘れたんだ、その人を土台にして建物は作られるんだし、「主よ、あなたは正しい。なぜなら、あなたの道は開けたからだ」と叫ぶのは、その人に対してなんです。

（ドストエフスキー『カラマーゾフの兄弟』原卓也訳、新潮文庫）

しかし、アリョーシャ自身にとっても、これはまだ綺麗事の模範解答に過ぎません。彼は修道院に住む純朴な好青年で、ゾシマという高徳の僧侶に熱心に師事していますが、肝心のイエス・キリスト自身と語り合っている人のようには見えません。未完に終わった『カラマーゾフの兄弟』の続きが書かれていれば、アリョーシャは良きキリスト者であり続けることができず、テロリストになっただろうと予測する人もあるそうです。彼が世界とそれを創造した神を受け入れるかどうかは、その後にイエス・キリストと語り合いながらしだいに定まっていくことなのでしょう。

世界の現実が見過ごせない悲惨を含んでいるとすれば、それでもなお神を信じる理由はあるのか。それもイエス・キリストと語り合いながら考えていくことだと思います。

22 キリスト教信仰のパラドックス

正しい言明の反対は、ただの誤りである。しかし、深い真実の反対は、もう一つの深い真実かもしれない。

（ニールス・ボーア）

ニールス・ヘンリク・ダヴィド・ボーア（一八八五〜一九六二）はデンマークの物理学者。原子物理学、量子力学で大きな業績を残しました。一九二二年、ノーベル物理学賞を受賞しています。やはり高名な物理学者であったヴェルナー・ハイゼンベルクもそうであったように、哲学的宗教的な領域にも関心を払っていて、晩年は老子などの東洋哲学を研究しました。リード文は彼の名言の一つです。

長い問議論が続けられている問題では、双方が相手のことを「なんでコイツはこんな簡単なことがわからないのか」と憤慨したり、軽蔑したりすることがあります。日本の政治なら、安全保障問題がその一つでしょう。一方は「戦争になったら、多くの人が死ぬ。なんでこんな当たり前のことをわかろうとしないのか」と嘆く。一方は、「暴虐な敵が攻め込んでくることは起こり得る。なんでそれを認めようとしないのか」と呆れてみせます。両陣営ともそれぞれ知性のある人を多数擁しているのですから、ここまでかみ合わないのは何かがおかしい。

何か表明されていない前提があるのではないかと考えるのが生産的です。そうすれば議論が一歩前に進むかもしれない。安全保障問題の場合は、日本の政府、また民衆が、戦争をコントロールする能力を持っているかどうかの前提が大きく違っているのではないでしょうか。世界標準では珍しい非武装を掲げる主張が日本では力を失わないのは、いったん戦争をはじめてしまったら、適切なところで止まることは、私たち日本人には絶対できないという（口に出せない）前提を抱いている人たちが相当いるからだと思われます。だから、最初から絶対に戦争ができないようにしておくしかないと考える。前の戦争の成り行き、また近年の原発問題にかんがみれば、この前提はかなりの説得力があります。もう一方は、先の戦争の成り行きはたいへんまずかったと思っているけれど、そこまでの不信は持っていない。あるいは、自国の政府や国民にそこまでの不信は持つべきでないと考えている。たしかに、近隣諸国の政府を自国の政府より信用するのはおかしいと言えばおかしい。こういう隠された前提をバックグラウンド・セオリーと呼ぶことがあります。セオリーというより、ヴィジョンでしょうか。

キリスト教についても、こんなに理に合わない宗教が二千年も続いていることに呆れている人たちがいます。ネットにはそういう言論がよく書き込まれます。しかし、キリスト教が、どう考えても愚かでない、知性の高い人々を多く擁していることはたしかです。一方で、キリスト教を愚かしいと批判・揶揄する中にも知性の高い人はいます。そうであれば、ここに何かのバックグラウンド・セオリー（ヴィジョン）が伏在しているのではないかと考えるのが生産的です。

私の考えるところでは、バックグラウンド・ヴィジョンの一つは「キリスト教はパラドックスを認める宗教だ」ということです。この場合のパラドックスとは、形式論理的には相矛盾する、少なくとも整合性のない二つの命題（あるいは実践の指針）が二つとも正しいということです。

キリスト教史上最も大きなパラドックスは、神の全能・全権と、人間の自由意志・努力の間にあるものです。「人間が自分の救いを自分で達成することはできない。ただ神の意志による」という教義は早くから確定しています（ペラギウスの異端）。公的にはっきり宣言されるので、これだけが教義のように思われますが、キリスト教信仰は人間の自由意志によってなされる善き努力の意義をけっして否定していません。否定できるはずがないのです。当然のことだから、教義としては熱く主張されないのです。

形式論理的に矛盾するはずのことが、どうして二つとも並立できるのか。「神は形式論理を超越するから」という飛躍は必要ありません。これは極めて人間的な真実です。つまり、自分が二つとも全力で生きようとすることによって納得するものです。自分のできる善を精一杯実行しようとしながら、同時に神がすべてを成し遂げてくれるという信頼を徹底的に生きること。「パラドックスは解決するものではなく、生きるものだ」とはそういうことです。

キリスト教が抱え込んでいるもう一つの大きなパラドックスは、「いけないことはいけない」という倫理的な要請と、「いけないはずのことをやってしまった結果、わかることがある」という実存的な真実の間にあるものです。アダムとエバの二人が禁じられた木の実を食べてしまうという罪を犯すことによって、はじめて身に染みてわかった真実がある。これが「幸いなる罪」と呼ばれる不思議です。でも、じゃあ食べたことは良かったのかというと、どうしてもそうは言えない。そんなパラドックスです。ボーアのもう一つの名言に、「大いなる存在のドラマの中で、観客でもあり、演技者でもある我々の位置を調和あるものとするように努めねばならない」という言葉がありますが、これと響き合っているような気がします。

本書ではこのほかにも、パラドックスとまではいえないが、ただ観客としてみるなら整合性のないことを、キリスト教の真理として言っています。たとえば、奇跡と呼んでいいような思いがけない素晴らしいことが起こり得るという期待と、やはり物事はたぶん経験則通りに起こるだろうというクールな予想を、祈りの中に両立させるということです。ジャグリングのようにどちらの球も取り落とさずに、投げ上げ、受け続ける。実践のレベルにおいては、これはキリスト者がごく普通にしていることです。

キリスト教に対して、理に合わないと批判する人には、個々の不整合（と見える主張）よりも、まずは「パラドックスを認める」というバックグラウンド・ヴィジョンを批評してみてほしいと思います。その方がより生産的な議論になるような気がします。

23　神と和解するということ

キリストに代わってお願いします。神と和解させていただきなさい。
（コリントの信徒への手紙　二、5章20節）

18にも登場した使徒パウロは、ギリシアと今の小アジアを精力的に宣教して、いくつもの教会の創設者となりました。特に商業の中心地コリントには長く滞在し、この地の教会はたいへん活気があったようで、そのことはパウロにとって喜びでした。しかし同時に、悩みの種でもありました。癖の強い信者が多くて、間違った教義に固執したり、グループが分立したりしたからです。新約聖書の中には、この難しい教会に向けて、パウロが指導と訓戒のために送った二つの書簡が収められています。

さて、私が最初に「神と和解させていただきなさい」という言葉に触れたのは、まだ信者ではないときでした。栃木県の工場で働いていたのですが、休日は自転車に乗ってあちこちを走り回っていました。すると、電柱とか農家の板壁とかに、聖書の短い言葉が金属の札に書いて貼りだしてあります。その一つが「神と和解せよ」でした。当時の私にはこの言葉が心に染み入る思いがしました。特に何があったというわけではないけれど、私はいろいろなことに腹を立てていました。政治の在り方に腹を立てる。世間に腹を立て、両親に腹を立てる。それを何とかする力量もないままに、いつもむなしく腹を立てている自分自身に腹を立てている。「神」という言葉は当時の私にはまだリアリティがありませんでしたが、「和解せよ」という言葉は身に沁みました。「そうだ、私は和解しなければならないだろう」。その思いが胸に浮かんできました。何と和解するのか。たぶん、世界との和解でしょう。思い出せる限りでは、これが私が神の言葉と実存的に対話したはじめての経験です。

キリスト教信仰にとって、「和解」(reconciliation) は大事なキーワードです。キリスト教最大のキーワードは「愛」ですが、個人的にはやや茫漠とした感もあります。ただただ「愛しなさい」と言われても、いまの自分が置かれている状況でどう振る舞うことが「愛する」ことになるのか、よくわかりません。それに比べると、「和解」は私にとって具体的な手触りを持つ言葉です。今ここでの生き方を選びとる上で、指針となる言葉です。

和解とは、ある事情があって別々の道を歩んでいた人たちが、もう一度一緒に歩むようになることです。この言葉を使うと、別れてしまったのはどちらが悪かったのか、悪いほうがちゃんと謝罪したのかが第一の問題ではなくなります。カトリック教会には「ゆるしの秘跡」という儀式があります。自分のした過ちを、神父を通して神に告白して、赦しを受ける式です。この儀式は欧米では「和解の秘跡」(Sacrament of Reconciliation) と呼ぶほうが普通です。この儀式の有名な解説書に、「再び一緒に歩む」（Richard M. Gula, *To Walk Together Again : The Sacrament of Reconciliation,* Paulist Press）という本があります。タイトルは著者のこういう見聞に基づいています。著者はある神学校（神父を養成する学校）で教えていましたが、食事のあと、学生たちは三々五々、連れだって庭を散歩します。散歩しながらあれこれ話をするのは、ヨーロッパでは神父や修道者の日常的な社交です。グループはだいたい固定しているのですが、部屋から彼らを眺めていると、ある日を境に、一人の学生がいつものグループから離れて歩くようになった。何か諍《いさか》いがあったのでしょう。神父は残念なことだと思いながら、毎日彼らの姿を眺めていた。

しかし、ある日から、その神学生は再び同じグループと一緒に歩くようになった。何が原因で離れたのかわからない、再び一緒に歩くようになるためにどういうけじめがつけられたのか（特につけられなかったのか）もわからない。ただ、この神父は、彼が再び仲間たちと一緒に歩くようになったという事実に強い印象を受けて、それを本のタイトルに選んだのです。再び一緒に歩くようになるためには、きちんとした謝罪やペナルティは必要なのかもしれない。それを否定するつもりではないのです。ジェノサイドのような大規模な流血の惨事では、それをどう扱うかは和解の成否に関わります。しかし、最終的に最も大事なことは「再び一緒に歩くようになる」ことです。神父は、その真理をあらためて確認したわけです。

それは人間と神との関係でも言えることです。キリスト教では、人間は一度神から離れてしまったと考えます。その両者が再び一緒に歩むようになることが目指すべき目標です。そうなるためには、やはりきちんとした謝罪やけじめが必要でしょう。しかし、そこに目を奪われて、最終的に求めるものは、「神と人間が再び一緒に歩むようになる」ことという真理が見失われてはならないと思います。カトリック教会の「ゆるしの秘跡」では、自分が罪と認めることを具体的に述べて、それを謝罪することが勧められます。しかし、自分の罪を片っ端から全部思い出して、それを謝罪することは不可能です。実際には、ごく一部を思い出して、きちんと申し述べて、謝罪することによって、再び一緒に歩みたい気持ちを表現することになります。

パウロにはやはり、神と人間が離間してしまったことについては、悪いのは人間の側であるという前提があるだろうと思います。そのパウロが、この章句では、「神に赦していただきなさい」ではなく、「神と和解させていただきなさい」と言っているところが味わい深いポイントです。誰が悪いか、何が悪かったかも大事ですが、神と人が再び一緒に歩むようになることこそが究極の目標なのです。

しかし、人間の側から見れば、神に対して大いに申し分があるということも事実です。それはどうしてくれるのか。神が創造されたというこの世界のあり方に申し分がある（18参照）。いわゆる神義論とは、その申し分にどのように答えることができるかという考察です。神義論を考え抜くことは、キリスト教信仰、特にキリスト教の神のあり方への理解を深めるうえで有益です。しかし、神に対して深刻な申し分のある人が、その種の議論だけで納得するということはまずありません。イワン・カラマーゾフも納得しなかったでしょう（19参照）。自分がいろいろ辛い目にあったり、悲惨な出来事を見せつけられて心の傷ついた人が、それでもキリスト教信仰に入る（とどまる）とすれば、ただ神を赦して、「神と和解した」からではないかと思います。世界をこのように創造した神を赦す、自分たちをこのような人間に創造した神を赦す。

「神と和解する」ことはどのようにして起こるのでしょうか。栃木県で「神と和解せよ」という看板を見た私は、和解の必要性を切実に感じました。しかし、だからと言ってすぐに和解できたわけではありません。神と和解するためには、親しく語り合うことのできる神、つまりイエス・キリストとの出会いが必要でした。

第2章　キリスト者はイエスの存在をどのように感じるのか

24　イエスが部外者であったとき

そのころは、キリストとかかわりなく、イスラエルの民に属さず、約束を含む契約と関係なく、この世の中で希望を持たず、神を知らずに生きていました。

（エフェソの信徒への手紙、2章12節）

エフェソ書については、18を参照。この書簡の特色は視野を広く取っていることです。この世界に働く悪の力という宇宙論的な視野（コスモロジー）があり、天地創造のときからの超歴史的な視野もあります。

「はじめに」で要約したように、キリスト者とは、イエス・キリストと日々語り合いながら、人生の旅路を歩むものです。しかし、イエスは二千年前のパレスチナに生まれ、約三十三年の生涯を送った人物です。二十一世紀の日本人が、その人物と語り合いながら人生の旅路を歩むとはどういうことか。それは「聖書に書かれているイエスの教えを守って清く正しく生きたい」という道徳的理念を、詩的に言い換えただけではありません。キリスト者にとっては、イエスはきわめて現実的な存在なのです。

このイエスの実在性について、ノン・クリスチャンの方々が、「ふーん、そういうこともあるのかな」と思えるように説明するには、キリスト者が「イエス・キリストは私と旅路を共にしている」と感じる（わかる）ようになった、そのプロセスを叙述するのがいいでしょう。「よし、キリスト者になろう」と決心して洗礼を受ければ、いきなり人生の旅路の伴侶として、イエス・キリストが自分の傍に立つわけではありません。共に旅するイエス・キリストは、一人ひとりの体験の中にしだいに立ち現れてくる存在です。それは通常、長い年月をかけて少しずつ起こることです。

イエスが生活世界に入ってくる4段階イメージ

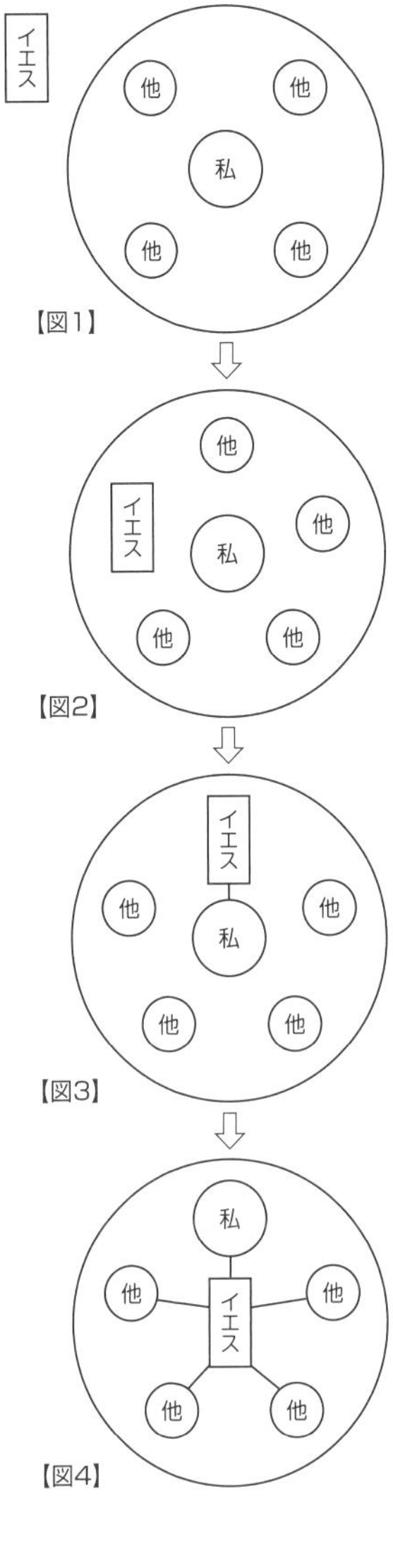

四つの図を見てください。【図1】は、私の世界の中に、まだイエスが全然いない状態です。【図2】になると、私の世界の端っこにイエスらしきものが現れています。この段階では、イエスは「関連アイテム」として現れることが多い。たとえば「キリスト者の友人」とか「キリスト教関連の書籍」とかですね。しかし、まだ私の生き方に影響を与えてはいない。【図3】になると、私の世界の中にいるイエスは、人物としての影を濃くしています。時々、私に話しかけたりするようになる。私の方もイエスに祈ったりするようになる。生き方が少し変わってきます。そして、【図4】になると、それまで自分が中心だった世界が、イエスが中心の世界に変わる。

人はそれぞれ自分の世界を持っていて、その世界の中で暮らしています。世界地図や地球儀の話じゃなくて、私がいて、私が関わっているいろんな人がいて、私が関わっているいろいろな物事がある。そして、その世界の中心に自分がいる。それはワガママ身勝手という意味じゃありません。私は（たぶん）そんなにワガママな人間ではないつもりですが、私が自分の部屋を見れば、どうしたって私の視界は私を中心とした視界になります。そういう意味の「自分が中心」です。「私にとって、この人はこういう人だ」、「私にとって、これはこういう事柄だ」というようにね。そういう自分を中心とした世界を、「生活世界」と呼んでいいでしょう。テレビに出なくなった俳優やミュージシャンを「あの人消えちゃったね」と言いますが、本当はどっこい舞台やライブで以前よりもっと活躍しているのかもしれない。でも、私を中心とする生活世界からは消えてしまったということですね。自分を中心にして、家族がいて、友人がいて、同僚がいて、赤の他人もいる。そして、仕事とか、趣味とか、社会的な事柄がいろいろある。私はそのそれぞれに、濃淡はあるが、関心を持っている。一方、世界の中に存在していても、私の視野にはまったく入らない、つまり私の生活世界の中にはないものがあるということです。

さて、【図1】の話をしましょう。ほとんどの日本人にとって、イエス・キリストという存在は生活世界の外にいます。イエスという名前も聞いたことが無いという人は少ないでしょうが、現実的に何か関係があるのかといえば、ほとんどの人にとって蚊帳の外だと思います。リード文は、キリスト者になってよかったと思っている人（たぶん使徒パウロの弟子）が、仲間のキリスト者に向けて書いている文章ですから、かつての自分を振り返って、「希望を持たず、神を知らずに」と暗く描いています。しかし、普通の日本人にとっては、とくにイエスがいなくても、自分の生活世界はまったく問題なく成り立っているでしょう。

今はこうして神父になった私にとっても、かつてイエスは完全に部外者でした。私が生まれ育った神戸にもキリスト教の教会がありましたから、会う大人の中にはひょっとしたらキリスト者が（言わないだけで）いたのかもしれない。また、小学生のとき、ギデオン協会というキリスト教団体の人が学校に来て、児童一人ひとりに新約聖書を配ってくれたことがあります。公立の小学校ですから、今では考えられない。まだおおらかな時代だったんですね。最初のページに人の名前（イエスの系図）がずらりと並んでいたことだけはぼんやり覚えていますが、すぐに紛失しました。イエスは私の暮らしとはまったく関係がなかった。当時、私の「生活世界」にイエスはいなかったのです。

25　イエスが自分の世界に入ってきたとき

もし東洋人の眼をもって評しますれば、エサウは英雄で、ヤコブは意気地のない奴《やつ》であります。しかしながら、聖書の理想的人物はヤコブのごとき者でありまして、エサウのごとき者ではありません。

（「聖書の話」、『内村鑑三信仰著作全集11』所収、教文館）

先に挙げた四つの図の【図2】の話をします。何かが起こって、自分の世界に、「イエス・キリスト」という存在が入ってくることがある。まだ、神とか、救い主ではありません。最初は、たいていキリスト教に関連のある人物やアイテムなどの形をとっています。多くの人にとってはそのままで終わりますが、しかしそれがキリスト教信仰を持つことの始まりになる人がある。

キリスト者の知人ができるという形で、イエスが入ってくることもあるでしょうが、私の場合は、書籍でした。姉がキリスト教系の大学に進学して、宗教の授業があったんでしょう、英語の聖書が居間に置いてあった。それをパラパラと覗いたことがあります。自分も高校生で英語を習っていたから、響きの良い英語だなと感じたことを覚えています。

さらに私は昔風の教養主義者だったので、岩波文庫や新潮文庫で、世界の名作小説といわれるような作品を片っ端から読んでいました。近代の欧米小説には、キリスト教と関係のある作品が多い。私の年代（一九五一年生まれ）では、欧米の近代小説でキリスト教の片鱗を知ったという人は多いと思います。アンドレ・ジッドは、今はあまり読まれないようですが、そのころは教養読書の定番でした。『狭き門』とか『田園交響楽』をざっと読み流して、キリスト教というのは偽善的なものと思われているらしいとか、しなくていい苦労を無理やりするものらしいとかいう感触を持ちました。ネガティヴな印象ですが、まったく見当はずれというわけでもない。いずれにせよ、キリスト教について何らかの感想を持つようになったという意味で、私の世界の中でイエスは少し実体を持つようになりました。

ドストエフスキーは真面目に読みました。自分にあまり自信がなかったので、思想的に深い傑作を読んでいるんだ、ということを支えにしていたところもあります。ドストエフスキーとなると、キリスト教だらけです。キリスト教について知ることを目的に読んだのではないけれど、聖書の断片に触れることにはなります。『罪と罰』には、ソーニャがラスコーリニコフに「ラザロの復活」（ヨハネ福音書11章）を読んで聞かせる場面があります。ドストエフスキーを読むと、おのずとキリスト教についての考察に触れることになります。『カラマーゾフの兄弟』にある「大審問官」の物語などを読んで、そこに描かれるイエスの姿や大審問官に少し関心を持ちました。神学者や神父によるキリスト教そのものの正統的な解説ではなく、それとは距離を置いている有名作家の考察を通じて、キリスト教を知った気になる。今になると順序が逆だとは思うんですが、日本の高校生にとってはやむをえない道筋だという気がします。

ドストエフスキーの小説に何度か出てくる「神がいないのなら、すべてはゆるされている」という思想などは気になりました。何だかとても深いことを言っているような気がしました。ある文芸批評家が、日本人がドストエフスキーを深刻ぶって云々するのを嘲笑して、「神がいるかいないかなんて、日本人のあんたらに関係ないだろ」と書いていました。それはそうかもしれない。しかし、「すべてはゆるされているのか」、つまり倫理の究極の根拠という問題は、当時の私にも、まったくの暇人のたわごとではなかったと思います。ずっとあとになって、テレビの討論番組で中学生が「どうして人を殺してはいけないんですか」という質問をして、話題になったことがありました。その場にいた識者といわれるような人たちが答えられなかったと聞いたとき、ドストエフスキーのこの言葉をあらためて思い出しました。

キリスト教の思想的内容に本格的に触れたのは、大学に入って内村鑑三を読むようになってからです。この場合も、キリスト教に対する関心というより、日本精神史の偉人に対する憧れが大きかったような気がします。しかし、理由はどうであれ、内村鑑三の本を読めば、キリスト教についての正統的な知識をかなり得ることになります。彼は教会の主流とは距離を置いていましたが、キリスト教そのものに関する言説は斜めに構えたものではない、真っ向勝負です。

聖書やキリスト教思想から、人間の普遍的な問題だけでなく、日本人の行動文化について考えさせられることもあります。内村鑑三が創世記に登場するエサウとヤコブを対比させて書いていることは興味深いと思いました。エサウとヤコブはアブラハムの息子であるイサクの子です。兄のエサウは豪放闊達《かったつ》な人物ですが、弟のヤコブはあれこれと術策を弄して上手に立ち回ろうとするところのある人物です（それだけの人じゃありませんが）。内村は「日本人が好むのはエサウのような人だ」と言っています。しかし、続けてこうも書いています。聖書において神の人であるのは小心とも見えるヤコブである。神との関係を大事にしようとした彼が、アブラハム・イサクから、イスラエルの宗教的伝統を受け継いだのだ（聖書の言い方では、神の約束を受け継いだのだ）、と。当時の私は日本人のひとりとして、やはり豪放闊達な人物を良しとしていました。司馬遼太郎が『坂の上の雲』で描く大山巌《おおやまいわお》元帥や秋山好古《あきやまよしふる》大将のような振る舞いですね。しかしどこかで、それを指導者の理想像にするのはまずいんじゃないか、無責任な指導につながるんじゃないかという批判的な気持ちも持っていました。豪放磊落《らいらく》は粗雑にもつながります。内村の批評を読んで、聖書の人間批評を身近なものに感じました。

こうなってくると、キリスト教が自分の生き方にいくらか影響するようになります。まだ自分がキリスト者になろうとは露ほども考えていませんでしたが、今思えば、すでに私の生活世界にイエスがはっきりと姿を現していたのです。

次の聖歌は、カトリック教会が降誕祭《こうたんさい》を待つ時期に歌うものです（典礼聖歌301）。イエスが人間の世界に静かに入ってくるという出来事を美しく表現しています。

天よ、露をしたたらせ、
雲よ、正義をふらせよ。

大地よ、開いて救い主を生み、
正義の花を咲かせよ。
牧場《まきば》に降りる露のように、
地を潤す雨のように、
王は来る。
王は来る。
民に平和をもたらすために。

この聖歌が讃えるのは、イエス・キリストが人間の世界に入ってきたという人類史的出来事です。個体発生は系統発生を繰り返すと言いますね。人類社会のレベルで起こったことが、ある個人の人生の中に、小さなスケールで繰り返される。それが【図2】の段階、すなわちキリスト者の誕生のはじまりです。

26　イエスが旅の伴侶になるとき

ヨハネは二人の弟子と一緒にいた。そして、歩いておられるイエスを見つめて、「見よ、神の小羊だ」と言った。二人の弟子はそれを聞いて、イエスに従った。イエスは振り返り、彼らが従って来るのを見て、「何を求めているのか」と言われた。彼らが、「ラビ――『先生』という意味――はどこに泊まっておられるのですか」と言うと、イエスは、「来なさい。そうすれば分かる」と言われた。

（ヨハネ福音書1章35〜39節）

このヨハネは、使徒にして福音史家のヨハネではなく、洗礼者ヨハネという人です。イエスに先駆けて、イスラエル民族の宗教的覚醒活動をしていました。このヨハネが、自分の二人の弟子にイエスを「神の小羊」だと指し示しました。二人はついて行きましたが、何を話していいのかわからなかったんでしょう。「どこにお泊りですか」と、どうでもよさそうなことを尋ねています。それでも対話の始まりになりました。

日本では、キリスト教との出会いは、読書である場合が多いと思います。生身のキリスト者であってもいいはずですが、なかなか出会わない。いちおう、日本には百万人のキリスト者がいますが、これまで実際のキリスト者と一人も出会ったことがないという人も多いでしょう。日本ではキリスト者であることを公言する機会は少ないので、出会っていてもわからない。言いやすい機会がないかぎり、積極的には言わないものです。たまたまキリスト者とわかっていても、いきなりキリスト教の話をすると面倒なことになりそうな気もする（しつこく宣教されるんじゃないか？とか）。そんなわけで、キリスト教についてもう少し深く知りたいと思ったら、本や映画に向かう人が多いのでしょう。本なら、距離の取り方を自分で選ぶことができますからね。積極的に読書を続けていけば、相当の知識は入手できます。また、それについてあれこれと考えることができる。思想や宗教に関心のある友人と喫茶店で談論風発することもできるでしょう。ネットの世界には、「信者じゃないのに、なんでこんなことまで知っているんだ」と驚くほど詳しい知識を持っている人たちがいますね。

カトリックの修道会は書店をあちこちに出しています。いまはだいたい教会の隣にありますが、有名デパートに店を出していた時期もあります。リアルの店を出す理由は、書籍を通じてキリスト教への理解を深めて欲しいというだけでなく、本を買いに来た人と店で働くキリスト者との間に何かしらの対話が生じるかもしれないと期待してのことです。

生身のキリスト者と出会って、話をすると、イエスが「自分の世界」のもっと深いところに入ってきます。生身のキリスト者と会わないと、キリスト教とのお付き合いはあるレベルで止まるものです。第1章で述べたように、キリスト教は対話的な宗教です。本を読んで考えることもできますが、やはり本は他者にはなり切れない。「本との対話」をいう人もいますが、それは近似的に言うことで、読書体験はむしろ自分の中で行われる独話だと思います。生身のキリスト者と出会うと、立派な生き方をしている人でなくても、また理屈をいう人でなくても、対話的な関係が成立します。たとえば、キリスト者の知人が「日曜日には教会に通っている」とサラッと言うのを聞いて、「毎週のように宗教にそんなに時間と手間をかける生活を実際にしている人がいるんだ！」と少し感銘を受けるということです。次の機会に、あなたはその知人に「教会では何をするの？」と質問するかもしれません。

私の場合、生身のキリスト者との出会いはまったく偶然でした。会社で働いていた二十八歳の頃、思い立ってイタリアにパック旅行をしました。旅が終わりに近づいて、もう日本に帰るのかと淋しくなっていたある日、フィレンツェの町をぶらぶらと歩いていたら、大きな教会（サン・ロレンツォ）に入り込みました。するとその日はその教会に所縁《ゆかり》のある祝日だったらしく、大勢の人が集まってミサ（カトリックの公式礼拝）をしていました。私のような物見遊山の観光客がもぐり込んで見学していても、イタリアの人たちは平然とミサを続けています。とくに会話はしなかったんですが、すぐそこに生身の信者がぞろぞろといる。みんなその辺にいそうな普通のおじさん、おばさんでした。そういう人たちが、ヤラセではなく本物の宗教行為をしている！……私は強い印象を受けました。それで生身のキリスト者と話してみたくなって、帰国してから会社の寮の近くの教会を訪問してみたのです。

その後、教会で青年会の集まりに出るようになって、さらにそこからの紹介で修道院の集まりにも行くようになりました。それから二年後、私は洗礼を受けていました。もし本や映画だけにとどまっていたら、どこかで自家中毒を起こして、何となくキリスト教から離れたんじゃないかと思います。

キリスト教的アイテムでしかなかったイエス・キリストという存在が、言動をいくらか知っているという意味で現実化してくる。さらに、生身のキリスト者を通して、人物としての影を濃くしてくる。イエスについて読んだり、聞いたりするだけでなく、実際に語り合う相手になる。それが先に挙げた四つの図の【図3】ですが、この時点でもうキリスト教信仰に入りかかっていると言えます。

27 イエスが「自分の世界」の中心になるとき

イエスは、「さあ、来て、朝の食事をしなさい」と言われた。弟子たちはだれも、「あなたはどなたですか」と問いただそうとはしなかった。主であることを知っていたからである。

（ヨハネ福音書21章12節）

イエスはエルサレムで十字架刑に処せられて殺されたのち、復活した——これがキリスト者の信仰です。復活信仰の重点は、死者がムクムクと起き上がったことではなく、「イエスはいま私たちと共にいる」というところにあります。いま共にいるイエスは確かに死んだのだから、何らかの形で死の状態から立ち上がったと言わざるをえない。ただ、聖書は立ち上がる様子そのものを描写してはいません。遺骸を収めた墓が空であったこと、そして復活したイエスが弟子たちと共にいる様子を描きます。ルカ福音書とヨハネ福音書に味わい深い場面があります。

ヨハネ福音書21章（1～13節）のシークェンスは、清透な印象を与えます。エルサレムからガリラヤに戻っていた弟子たちは、イエスの復活についてすでに知らされていたけれど、まだぼんやりしていました。弟子たちの多くはもともと漁師だったので、湖へ漁にでも出るかという話になります。夜から漁をはじめて何もとれませんでしたが、夜が明けるころ、どこかで見たような人が浜辺から「舟の右側に網を打ちなさい」と助言してくれます。そのとおりにすると、思いがけず多くの魚をとることができました。そこで弟子たちは、そのどこかで見たような人が「あのイエス」だと気づきます。弟子たちが舟から上がると、イエスは夜明けの浜辺で先に焼き魚を用意していてくれた。そのあとの様子がリード文です。

この光景は、ある意味では、イエス・キリストとキリスト者たちとの関係の最終形です。死んだはずの先生に会うという出来事は驚くべきことでしょうが、弟子たちは「わあ、イエス様だ！」「すごーい！」などと騒ぎません。ここでいま、何が起こっているのか、何をすべきか、よくわかっている人たちは騒がないのです。無用に騒いでしまうと、この場の現実を深く生きることができない。子供はわかりきっていることでも、何かきっかけがあるとキャアキャアいうものですが、それは子供だからです。弟子たちは、ただ「イエスがいま自分たちと一緒にここにいる」という現実を深く静かな心で感じています。キリスト者の祈りに「観想的祈り」(contemplative prayer) というタイプのものがありますが、まさにこの姿です。わたしはここにいて、イエス・キリストがすぐ傍にいる。ただ、それだけである……。

また弟子たちは、「ねえ見て見て、イエス様だよ！」とか、興奮して互いに教え合うこともしません。「そこにいるのがイエスである」と自分が知っているように、仲間もそれを知っているとわかっているからです。真ん中にイエス・キリストがいて、そのまわりに弟子たちがいます。

自分は特別な存在ではない、大勢の弟子の中のひとりにすぎない。それがわかっている。しかし、自分が大勢の弟子の中のひとり（one of them）であることは、彼らのイエスとの関係を貧しくすることにはならない。十字架で死ぬ前のイエスと一緒に旅しているときには、弟子たちは「自分たちのなかで誰がいちばん偉いか」とか、はしたない言い争いをして、イエスを悩ませています（マルコ福音書9章33～34節）。また、ヤコブとヨハネという兄弟は、イエスが天下を取ったときは自分たちを右大臣左大臣にしてほしいと願ったりもします（マルコ福音書10章35～37節）。弟子たちはイエスを知っており、「仕える者になりなさい」という教えもいちおうは納得していたと思います。しかし、世界の中心はやはり自分です。「自分がどういう扱いをされるか」が第一の関心事でした。

その弟子たちは、イエスの死という体験を潜り抜けた今は、イエスを中心としてそのまわりを囲む大勢の中の一人であることに満ち足りているように見えます。キリスト教を抜きにしても、自分が大勢の中のひとりにすぎないことを納得していて、しかも自尊感情をきちんと持っていることは、人間の成熟のあかしだと言います。漱石の木曜会に集まった弟子たちは、「誰がいちばん先生に愛されているか」ということをよく話題にしたそうですが（森田草平の回顧談）、ちょっと子供っぽいですね。

ガリラヤ湖の浜辺での師弟の姿は、先に挙げた四つの図のうちの【図4】、ある意味では最終形です。それは祈りの時間の中では比較的実現されやすいものです。聖堂の中で仲間の信者たちと静かに座っているとき、福音書のガリラヤ湖畔の情景がその場に立ち現れたと思うことは少なからずあります。しかし、聖堂、祈りの場の外では、キリスト者もなかなかそうはいきません。新約聖書の使徒言行録は、イエス以後の弟子たちの活動を記述していますが、そこではパウロと保守的な人々との論争もあり、必ずしも君子の争いとは言えない。まして、その後のキリスト者たちの間では、「誰がいちばん正しいのか」「彼は間違っている」という争いが絶えることがありませんでした。そのような争いに満ちた「自分が中心の世界」を完全に乗り越えた人は聖者と呼ばれるべきでしょう。「神の国」の先取りであるところの、イエスを囲んで静かに座っている弟子たちの姿は、キリスト者が繰り返し思い起こし、到達したいと願う情景です。

28 遠藤周作『侍』を読む①——イエスが部外者であったとき

風のふく山の上からは谷戸と集落とが見おろせる。悲しいほどあわれな土地。押し潰されたような村。

(ここが……わしの土地だ)

侍は心のなかでそう呟く。もう戦がないならば自分は父と同じように、生涯、ここで生きるだろう。自分が死んだあとは長男も総領として、同じ生き方をくりかえすのだろう。ここから自分たち親子は一生、離れることはないのだ。

(遠藤周作『侍』新潮文庫)

さて、ここからは四回に分けて、カトリック作家の遠藤周作(一九二三〜一九九六)が一九八〇年に発表した小説『侍』を読んでいきたいと思います。先に四つの図で説明した通り、キリスト者になることは、イエス・キリストという存在としだいに親しくなっていくプロセスです。その接近の微妙な成り行きを、遠藤周作の小説は上手に描いています。この手の仕事は、神学や哲学はあまり適していません。神学は時間について論じることはできても、時間の流れを感じさせることは不得手だからです。これは時間の芸術といわれる長編小説が最も適しています。『侍』は、江戸時代初期、東北のある藩（伊達藩がモデル）の下級武士、長谷倉《はせくら》（慶長遣欧使節の支倉常長がモデル）が、主君の命を受けて、欧米諸国と通商を開くために長い旅をする物語です。小説の中では、長谷倉は「侍」と呼称されます。キリスト教布教の許可と通商を引き換えにするはずでしたが、国内の禁教令が厳しくなったために、交渉は失敗します。長谷倉は日本に戻りますが、交渉を有利に運ぶために洗礼を受けたことを咎められて、死罪になります。その旅の中で、イエスがしだいに長谷倉に近づいてきます。リード文は、長谷倉がまだこんな旅をするなど思いもしないときの感慨です。

登場人物の人名は実在のものとは変えてありますが、慶長遣欧使節団（一六一三～一六二〇）は歴史上の事実です。十七世紀初め徳川幕府が始まった頃の伊達藩が派遣しました。その頃、すでに徳川幕府はキリスト教を禁止する方向に動いていました。キリスト教を入れると、日本の秩序というか徳川幕府の安泰のために危険なのではないかという心配があったからです。ただ、まだ腹が決まっていない。後には徹底的に迫害して、一本ずつ雑草を抜くような形でキリスト教を潰していきましたが、この時点では、外国と広く交易して国力を強めるという方針もまだ完全には放棄していない。そして、伊達氏という大名がある。徳川幕府の基礎は大体もう固まっているのですが、伊達氏は奥州で非常に強い力を持っています。そして、伊達政宗は戦国武将の中で一番若かった人です。他の有名な武将はもう年を取っていてあとは余生ですが、伊達政宗はまだ覇気あふれる壮年です。まだ徳川幕府に恐れ入りましたと、ひれ伏す気にはなれない。自分の藩だけで独立的にやっていけるのではないか。上手く行けば徳川幕府をひっくり返して、自分が覇者になれるんじゃないかぐらいに思っていたかもしれません。とりあえずは徳川幕府から半独立くらいの地位は保っていたい。そのためには、外国と貿易をして経済力を強めたい。とにかく、小説の最初の時点ではそれくらいの気持ちでいる。そこで、幕府の暗黙の承認も得て、スペインの植民地だったメキシコに使者を出すことになります。「ヌエバ・エスパーニャ」、「新しいスペイン」と呼ばれていました。そこに使者を出して、交易の権利を獲得しようとします。幕府はキリスト教に対して厳しい締め付けをしているが、私たちに独占的な交易の権利を与えてくれたら、我々の領地ではキリスト教を広めてもいいですよ。そういう交換条件を出して、交易を持ち掛けようとしたんですね。この小説では家康（一六一六年没）もいくらかはそれを許容したという雰囲気ですが、歴史的な事実はよく分かりません。

とにかく、それで使者を出すことにしました。使者には長谷倉を含めて身分の低い侍たちを四人選んだ。途中で死んでも惜しくないような連中だということです。そしてもう一人、ベラスコという、日本での宣教に野心を持っている非常にエネルギッシュな神父もいます。彼はガイドと通訳を兼ねています。そして、その他に貿易商人たちを百人以上船に乗せて出帆します。

この使節を命じられる前の長谷倉は、キリスト教の存在などにはまったく関心がありませんでした。そういう宗教があるらしいとは知っていたかもしれないけれど、自分と関わりができようなどとは夢にも思っていない。リード文にあるように、ただ自分の小さな領土を守って、毎日を家族や家来たちと暮らしていければそれでよい。前の代で何か不都合があって、一族はより貧しい土地に領地替えさせられています。老いた叔父はいつか戦功を立てて元の領地に戻りたいと熱望していますが、長谷倉にはその程度の野心もない。極めて地道な人です。

　そんなイエスとは無縁の長谷倉の世界に、遣欧使節プロジェクトとベラスコ神父の形をとって、イエスが入り込んでくる。以下、次節に続きます。

29　遠藤周作『侍』を読む②——イエスが視界に入ってくるとき

与蔵のそばに小さな数珠のような物があった。ベラスコが昨夜、おき忘れた切支丹の数珠だと与蔵は説明した。

「ベラスコさまは」与蔵は悪いものを見つけられたようにおずおずと、「これにて、清八、その他の者のため拝んでくださりました」

「言うておくが」と侍は少し強い声を出した。「ベラスコ殿を忝《かたじけ》のうは思うが、しかし切支丹の教えには耳を傾けるではないぞ」

（遠藤周作『侍』新潮文庫）


リード文は、使節団が太平洋を渡って、メキシコに向かう船旅の途中での出来事です。与蔵という人は長谷倉の従者の一人ですが、旅の途中で、キリスト教信仰に心を寄せるようになり、自分から洗礼を受けます。自分が身分の低い立場なので、ベラスコ神父の分け隔てをしない態度に感銘を受けたということもあるでしょう。

外国になんか行きたくなかった長谷倉ですが、殿様の意を体した重臣に「お前が行って来い、悪いようにはしない」と言われる。重臣は、この任務に成功したら、お前が取り戻したがっていた先祖のあの領地を返して貰えるかもしれないとか、そういう上手いことを言う。そうでなくても、殿様の命令には背けません。やむを得ない形で、イエスが長谷倉の世界に入ってきてしまいました。当時の話ですから、なかなか大変な船旅です。無事に太平洋の向こうに着けるとは限りません。

使節団の仕掛け人であり、通訳でもあるベラスコ神父は、船中で、少しでも同行の日本人たちにキリスト教のことを伝えようとして、精力的に活動します。通商条約が成立したら役に立つからと、スペイン語を学ばせる。また聖書の話をして聞かせる。交渉をまとめるために有利になるからと、使節たちの功利心に訴えて、洗礼を受けるように勧める。船員たちのためのミサにも招く。

ベラスコ神父は一面では非常な野心家ですが、口だけの人ではないんですね。宗教者としてやるべきことをやるという筋の通った人です。船酔いで苦しんでいる長谷倉の従者の世話を、自分も汚れ物を被りながら淡々とする。その姿に長谷倉は少し感銘を受けます。その時代、武士が自分の下僕の病気の世話をするようなことはない。そして、ベラスコが神父として祈る姿を見る。これまでキリスト教と無縁であった長谷倉の世界に、そういう形で、イエス・キリストという存在が入ってくるわけです。

リード文の場面では、ベラスコ神父が、嵐にもまれて怪我をした従者の介抱をして、彼らのために祈りました。その際、ロザリオ（祈りの道具のひとつ）を置き忘れて、それが長谷倉の目に入ります。いつもだったらロザリオを見ても特別の印象を持たなかったでしょうが、自分の部下の世話を献身的にしてくれた神父の持ち物だと思うと、ふと目が留まったのでしょう。キリスト教に取り込まれることを警戒しながらも、ロザリオの形が長谷倉の心に残ったかもしれません。余談ですが、私は出会った人に小さなロザリオをプレゼントすることがあります。貰った人はお守り感覚で、だいたい喜んでくれます。その人がロザリオを繰って神に祈るとは思いませんが、それを見るたびに、「この世の中には、キリスト教というものがある」ことを思い出してくれるかもしれないと期待してのことです。

さて、使節団の一行は二ヶ月くらい難儀な船旅をして、やっと、アカプルコというメキシコの港に着きました。今はリゾート地として有名ですが、当時は貿易港だったらしい。そこに上陸して、ヌエバ・エスパーニャの総督と話をするんですが、なかなか交易の交渉は上手く行かない。

長谷倉は、そんな中で、メキシコにまで流れて来ていた日本人キリスト者に出会います。そういう形でも、イエスは長谷倉の世界に入ってきました。この日本人は洗礼を受けているんですが、メキシコでの教会や神父たちの振る舞い、現地の人々に対する仕打ちに我慢がならなくて、教会からは離れています。しかし、キリスト教信仰を捨てたわけではなく、その心を持ちつつ、貧しいインディオたちと共に生きて、この地に骨を埋《うず》めようとしています。日本人とぜひ話したいということで、長谷倉はこの人物に会いに行き、彼の数奇な身の上話、キリスト教への対し方を聞く。インディオたちの事情をある程度は知るようになっている長谷倉は、「へえ、そんなことがあるのか」くらいの気持ちではあるが、耳を傾ける。

ベラスコ神父は、他にも神父としての土性《どしょ》っ骨《ぽね》を見せます。メキシコがインディオたちの反乱で騒然となっているとき、死の床についているインディオに「ゆるしの秘跡」を求められます。周囲の人は、総督府からインディオ側に加担していると誤解を受ける、危ないからよせと止めますが、ベラスコ神父は、ここは神父が避けてはならぬ場面と思い定めて出かけていきます。この場面は長谷倉の視点で書いてあるわけではないので、この信念と勇気あふれる行動に長谷倉が感銘を受けたとは書いていませんが、状況からそう考えていいでしょう。

遠藤周作は「弱いキリスト」に共感した人で、グズグズ、めそめそした人間を肯定的に描くことが多い作家ですが、この『侍』では、彼にしてはめずらしく、強い人、確固とした信念を持つ人間像も肯定的に描いています。実際、キリスト教に関心を持った日本人の中には、意志の強い、筋を通す宣教師の姿に惹かれた人も多かったと思います。

ともあれ、このようにして長谷倉の世界の中で、イエスが徐々にその影を濃くしていくのです。先の四つの図で言えば、第二段階にあたります。以下、次節に続きます。

30 遠藤周作『侍』を読む③——イエスが旅の伴侶になるとき

侍は一人になりたかった。部屋をそっと抜けると、午睡《シエスタ》のまだ終らぬ修道院のしずまりかえった廊下から中庭に出た。池の背後に痩せこけた男が十字架につけられて首を垂れていた。噴水から水がかすかな音をたててこぼれていた。その像のまわりに日本では見たことのない花が炎のように咲いている。

(遠藤周作『侍』新潮文庫)

通商を開くためメキシコに渡った使節一行の交渉は、なかなかうまく行きません。もともと長谷倉は来たくて来たわけじゃないのに、ひどい旅をさせられて、しかも歓迎されていない。目的も達成できそうな気がしない。心身共に疲れ果てた長谷倉がふらりと建物の外に出ると、何しろメキシコですから、そこら中にキリストがいる。つまり、キリストの像があるわけです。もし満ち足りた気持ちで旅をしていたら、そんな像は目に入らなかったかもしれない。しかし、先の見えない、情けない立場で異国を旅していると、そういう像が目に飛び込んできて、ふと何かを感じる。ちなみに、メキシコにあるキリスト像には打ちひしがれた姿のキリストが多いらしいです。

踏みつけられ続けたインディオの心情を反映しているのでしょう。「悲しみを負える人」Man of Sorrowsと呼ばれるタイプの像です。長谷倉はキリスト教の教えは何も聞いていないのですが、それを見かけると、疲れてガードの下がった心に、その姿がふと近づいてくる。入って来る。

私も修道会の会議でよく外国に出かけましたが、同じような経験をしました。言葉が円滑には通じませんから、思い通りにならないことがたくさんあります。外国人から見下げられるような情けない思いをすることもあります。すると、しーんとした昼間の明るい空間の中で、そこらにあるキリスト像とか、何でもない木の十字架のようなものが、直接自分の心に迫ってくる。そういう感覚があります。だから、長谷倉の世界の中で、知らないうちにキリストの影がしだいに濃くなってくる。キリスト者になろうという気持ちなんか全然ないんだけれど、キリストが視野の端のほうにいたのが段々、自分に近づいてくる。だんだんと生きた人間の姿になりはじめるという感じは、よくわかるような気がします。

メキシコでの交渉を断念した使節一行は、大西洋を横断して、スペインまで行っても、さらにローマまで行っても、上手く成果を挙げられない。そして、日本を留守にしている間に、日本の政治状況が変わってしまいました。徳川幕府は、それまでは貿易にも未練があったのですが、日本の秩序を守る為にキリスト教を徹底的に叩くことに決めました。長谷倉の藩も、キリスト教布教と引き換えに欧米との貿易を独占して、自立の勢いを示そうという野心は捨てざるをえなくなりました。日本の方針が徹底的弾圧に変わったことを知ったカトリック教会の中枢部は、日本から撤退することを決めました。これ以上日本で宣教しようとしても宣教師が殺されるだけだからです。そういう虚しい旅の中で、長谷倉の中でキリストの影はますます濃くなっていきます。

結局、長谷倉はまた長い旅をして日本に帰って来ました。その後の取り扱いが酷い。長谷倉はヨーロッパで交渉を進めるために、ベラスコ神父に唆《そそのか》されて洗礼を受けていたんですが、それを問題にされる。「いや、私は本気で受けたんじゃないんですよ」と弁解しても、言い訳は通らない。藩主は幕府に睨まれたくないから、方便であろうと何であろうと、洗礼を受けた侍がいるというのはまずいので、切腹させようとする。ひょっとしたら打ち首かもしれない。

長谷倉としては、たいへん不本意ですね。行きたくもない旅をして、受けたくもない洗礼を受けて、さんざん苦労して帰って来たら、褒美が出るどころか、とうとう詰め腹を切らされる。もうたいへん情けない状況なんですが、その自分の情けなさと反比例するようにして、キリストの姿が影を濃くしていく。端っこにいたものが、いつの間にかそばにいる。こういう感覚は長い小説でしか表現出来ないものでしょう。そして、この小説は、長谷倉が切腹か打ち首の場に向かう所で終わります。

「ここからは……あの方がお供なされます」

突然、背後で与蔵の引きしぼるような声が聞えた。

「ここからは……あの方が、お仕えなされます」

侍はたちどまり、ふりかえって大きくうなずいた。そして黒光りするつめたい廊下を、彼の旅の終りに向って進んでいった。

（同前）

これが長谷倉が登場する最後の場面です。「彼の旅の終り」という言葉がいいですね。先に触れた通り、与蔵は長谷倉の従者として一緒に旅をした人で、洗礼も受けています。本気で洗礼を受けたんですが、まだ捕えられていません。長谷倉の地上の命はもうすぐ終わるけれども、キリストはいつの間にか、彼のすぐそばに立つ者、まさしく人生の旅路の伴侶としてある。長谷倉の世界は、いつの間にか、イエス・キリストがすぐそばにいる世界になっていたということです。

長谷倉は先の四つの図の【図3】の段階に達していたと思いますが、ただこの小説では、長谷倉はイエスについて心の中で感慨を持つことはあるものの、イエスに語りかけることはありませんでした。つまり、対話は起こっていない。長谷倉は受動的なままで、イエスが彼にそっと近づいてくる。キリスト者になるプロセスとしては物足りませんが、小説の終わりとしてはたいへん美しいものだと思います。

31　遠藤周作『侍』を読む④——イエスが世界の中心になるとき

「心配なさるな」ベラスコはやさしくいたわった。「もう何も思ってはおりませぬ。明日、我々は同じ国にいるでしょう」

（遠藤周作『侍』新潮文庫）

遠藤周作は子供のころに洗礼を受けて、死ぬまでキリスト教信仰にコミットした人です。ただ、彼は欧米のキリスト教理解にはずっと批判的でした。一言でいうと、「独善的」ということでしょうか。晩年の小説『深い河』にもその調子は残っています。遠藤氏のことは大いに尊敬していますが、彼の小説は日本人に広く読まれただけに、彼がこの批判にこだわり続けたことを個人的にはやや残念にも思っています（こだわりを捨てないから小説家なんでしょうが）。つまり、日本人が、キリスト教そのものを理解することよりも、欧米キリスト教への批判に関心を向ける傾向を助長してしまったのではないかということです。日本では欧米批判は喜ばれるのです。

そんな遠藤作品の中で、『侍』は、欧米的な意志の強い、その反面として独善的なキリスト者を肯定的に描いたという意味で貴重な作品です。ベラスコ神父は野心的人物には違いありませんが、暖衣飽食して権力を楽しむ人物ではありません。神父の務めにはとことん誠実です。その姿は、長谷倉にとって、イエス・キリストが近づいてくる一つの形でもあったでしょう。

その意味ではベラスコ神父は「無私」の人とも言えるのですが、別の意味では私心がありまくりなんですね。つまり、彼は「日本の宣教を仕切れるのは、俺しかいない」と思っている。それまでにもいろんな宣教師が日本に入ってきたけれど、あいつらは頭が悪くて、日本でのやり方が分かってない。俺に仕切らせれば上手く行くんだという気持ちを強く持っていて、だから彼はこの使節団を仕組んだのです。状況が不利であることは、当時すでにわかっているんですが、自分の弁舌と手際があれば何とでもなると思っています。例の四つの図の【図3】をもう一度見てください。彼の世界は、自分が中心です。自分の世界にはたしかにイエスがいるんですが、世界の中心はしっかりと自分なんですね。彼は、生来、大きなエネルギーと強い意志に恵まれた人です。問題はその使い所です。強い意志と大きなエネルギーを持っているからこそ、スペイン本国で司教になって宮殿に住むというようなことでは、彼のエゴは満たされない。困難を乗り越えて異郷の地で宣教するくらいの事業をしないと気が済まない。しかし、結局、日本で合法的に宣教することは不可能だということがしだいにはっきりしてきて、彼の野望は全て打ち砕かれる。その過程で、彼はこれまで自分がキリストの為にと思っていたことが、そうではなかったのかもしれないと疑いはじめる。段々に彼は変わり始めます。

今度の旅はすべてあの日本を主の国にしたいという一念からはじめたものだった。だがそこには都合のいい自己弁護があり、利己的な征服欲がかくされていなかっただろうか。心底には自分がやがて日本の司教となり、日本の教会をこの手で動かしたいという野心がなかったろうか。そして主はそんな私の心を見ぬかれ、罰し給うたのだろうか。
（同前）

自分が持って生まれた能力をぞんぶんに発揮するためのある種の道具、口実としてキリストというものがある。それが彼の世界です。いや、それは言い過ぎですね。イエスのために献身しようとする心もたしかに持っています。ただ、どうしても自分が中心の世界を脱しきれないのです。しかし、事々に計画通りに行かないことによって、自分が世界の中心にいられなくなってきた。しだいにキリストが中心に動いて行く。キリストの望まれることは何か、自分に望まれることは何なのか、そういうふうに物を見るようになっていくという変化です。日本への宣教計画に挫折したベラスコ神父ですが、一行の帰国を見送ったあと教会でそれなりの地位を得ることも出来ました。彼は有力な貴族の一族ですから、指示されたようにマニラで修道院の院長に収まり、安楽に神父としての生涯を送ることも出来ました。でも、結局、何かに駆り立てられて、すでに禁教令が敷かれた日本に潜入して、そして、ほとんど即座に捕えられて、最後は惨めに殺されていく。何も出来なかった。

彼がマニラの修道院長の地位を捨てて、確実に酷い死が待っている日本にやって来たのは何故なのか。これははっきりとはわかりません。キリストに呼ばれたからなのか、それともやはり、彼の強烈なエゴがマニラで静かな（敗け犬の）生活を送るということに耐えられなかったのか。

この時点では、本当にキリストが彼の世界の中心に立ったのか、やや疑問が残るような曖昧な描き方です。しかし、ベラスコ神父の世界が、小説の始めからすれば随分変わったことは確かです。

　そして、リード文にある殉教前日のシーンは、ついにキリストが彼の世界の中心に来たと感じさせます。日本の宣教にあたっては、二つの修道会の方針が対立していました。これは歴史上の事実です。ベラスコ神父は自分の計画が、対立する修道会のために妨害されていると恨みを持っていました。しかし、結局はどちらの修道会の宣教師も一緒に処刑されることになります。この最後のときにあたっては、ベラスコ神父は、自分と対立してきた相手の宣教師も、共にイエスを囲む大勢の人間のひとりだと感じられた。

　もしかしたら、人間はこのような状況にまで追い込まれないと、なかなか完全には悟れないものかもしれません。しかし、イエスが自分のプロジェクトの一要素にすぎない状態と、自分はイエスのプロジェクトの中の一人なのだとある程度分かっている状態とでは、その人の生き方はたしかに違ってくるでしょう。

32 強烈な回心体験はなくてもいい

彩られた十字架上のキリストのご像が、唇を動かして、彼に語りかけたのである。彼の名前を呼んでこう言われた。「フランシスコよ、行ってわたしの家を修復しなさい。あなたが見ているように、それは全く崩壊にひんしているではないか」。

（チェラノのトマス『アシジの聖フランシスコの第二伝記』あかし書房）

アシジのフランシスコ（一一八二〜一二二六）は「もっともキリストに似た人」と言われ、キリスト教の歴史の中で格別に高い人気を保ち続けている聖人です。フランシスコはアシジの裕福な商人の息子に生まれ、一時は騎士としての華やかな暮らしに憧れましたが、近隣都市との戦争体験をきっかけに信仰の道を追求するようになりました。アシジ郊外のサン・ダミアーノという朽ち果てた聖堂では、十字架像が彼に語りかけました。当時のカトリック教会は教会上層部の堕落と、それに反発する過激な清貧運動の間で激しく動揺していました。フランシスコは、自分自身の聖性だけでなく、カトリック教会そのものを救うように呼びかけられました。サン・ダミアーノの十字架像のレプリカは世界中で親しまれています。なお、この伝記の著者、チェラノのトマスは直弟子です。

放蕩や事業欲に耽溺していた人が、劇的な出来事があって、一日でキリスト教信仰に回心したという物語は数多く語られています。四世紀のアウグスチヌスの回心はその好例です。フランシスコの場合は、すでに虚栄の生活は捨てていたのですが、さらなる目標を与えられています。こういうエピソードをいろいろ読むと、感銘は受けても、「こういう劇的な出来事が起こらないんだから、自分がキリスト教信仰を持つことはないだろう」と考えがちです。あるいは、「何かはっきりとした呼びかけがあるのを待てばいい」と考える。

アウグスチヌスやフランシスコのように教会の歴史を画する人物には、神は特別の契機を与えてはっきりと招くのかもしれません。その可能性は否定しません。しかし、普通は、キリスト教信仰への回心は長い年月をかけて少しずつ進行していくものだと思います。キリスト教信仰とは、神と人間がしだいに知り合っていくことだからです。大人がキリスト教信仰に入るのは、恋愛結婚に似ています。双方が雷に打たれたような一目惚れをして、即座に結婚ということがありえないわけではない。けれども、普通は、二人が最初に出会ってから少しずつお互いを知り、そして時が満ちて結婚の誓約を交わすものでしょう。

では、なぜ劇的な回心物語が語り伝えられるかというと、そこには人間にとって本質的な「物語る生理」というべきものがあると思います。つまり、長い時間をかけて少しずつ生起して、そして成就したことを、一つの劇的な出来事の結果として語ってしまうという生理です。たとえば、私は自分自身がキリスト教信仰に向かう契機になったこととして、次の出来事をしばしば話します。

教会に通ってはいたが、まだ洗礼を受けず、会社員をしていたころ、神田の本屋街でいつものように数冊の書物を購入して、駿河台下の交差点に立っていた。初冬の夕暮れだった。そのとき、私は突然自分の底が抜けるような淋しさに貫かれた。この広い世の中に、私に向かって「あなたが何よりも誰よりも大事だよ」と言ってくれる人はひとりもない……。

これが私をキリスト教信仰に向けて動かした出来事であると、何度も語ってきました。しかし、今から思えば、話している私が思っていたほど、この出来事は強烈なものではなかったかもしれない。たぶん、そうではない。しかし、かといって、私が信仰に入ったプロセスをわかりやすく説明するために、物語をでっちあげたわけではありません。この物語は自ずと私の中で育ってきたものです。そして、確実な種子があります。駿河台下で私に何かが起こったのは事実です。私が子供の頃からずっと淋しかったのも事実です。ただ、「淋しい」という言葉では考えていなかった。「自分の人生は何だかうまくいっていない」という漠然とした感情が自分にまつわりついていました。駿河台下で私を襲った淋しさは、その場に立ちすくんでしまうほど強烈なものではなかった。ただ、長い年月の間私を脅かしていた持続的な体験が、その時点の事実としてはささやかな出来事を、後になって劇的に語るという形でまとまったのだと思います。それが初冬の夕暮れであったことは確かな記憶だと思いますが、そうはっきり覚えているのも、私の中に長くあった心象風景が反映しているからでしょう。

イスラエル民族の歴史の中で最も強烈な印象を与えた出来事は「エジプト脱出」です。前に触れた通り、聖書でも、チャールトン・ヘストン主演の映画『十戒』でも、それは海が割れる壮大な出来事として語り伝えられてきました。しかし歴史学者の話では、当時のエジプトの記録のどこを探しても、何十万人もの奴隷の大集団が脱出したという記事は見当たらないそうです。ひょっとしたら、少数の奴隷が三々五々、エジプトを去ったというささやかな出来事だったのかもしれません。しかしそれでも、出エジプトという出来事の意義は揺らぎません。ユダヤ人たちはそれを語り続け、カトリック教会もそれを語り続けます。民族の間に長く蓄積してきた「偉大なる神が私たちを救ってくれる」という希望と体験が、この物語の中に凝縮されているからです。それを語り継ぐことは希望を生き生きと保つことです。

しかし、それと同時に、物事は多くの場合、少しずつゆっくりと生起するものだということを知っておく必要があります。そうでないと、いま自分の足元で何が起こりつつあるかを見失うでしょう。福音書は、多くの場合は、一つの劇的な出来事があって、そして物事が動き始めるというように書いていません。しかし、ゆっくりと静かに成長する姿も忘れてはいません。イエスはこう話しています。

神の国は次のようなものである。人が土に種を蒔いて、夜昼、寝起きしているうちに、種は芽を出して成長するが、どうしてそうなるのか、その人は知らない。土はひとりでに実を結ばせるのであり、まず茎、次に穂、そしてその穂には豊かな実ができる。実が熟すと、早速、鎌を入れる。収穫の時が来たからである。

（マルコ福音書4章26～29節）

33　イエスと話をすると自分が変貌する

イエスは旅に疲れて、そのまま井戸のそばに座っておられた。正午ごろのことである。サマリアの女が水をくみに来た。イエスは、「水を飲ませてください」と言われた。

（ヨハネ福音書4章6〜7節）

これはヨハネ福音書の中の「サマリアの女」と呼ばれる長い対話の始まりの場面です。水汲みは重労働なので、普通は夕暮れの涼しい時間になってから井戸に行きます。この女性が正午ごろに井戸に現れたのは、何か村の女性たちと顔を合わせにくい事情があることをうかがわせます。イエスが「水を飲ませてください」と頼んだのをきっかけに、二人は長い対話をします。この女性がサマリア人であると特に言われているのは、サマリア人とユダヤ人は宗教的な理由で互いに疎外しあっていたからです。

福音書でのイエスと人々の出会いは、多くの場合、病気などのトラブルを抱えている人がイエスに助けを求めて、イエスがその願いに応えるという形で起こっています。長々とした会話はありません。そして、トラブルを解決してもらった人がその後どうなったかも語りません。イエスとの出会いの瞬間、まさに一期一会なのです。それに対して、サマリアの女性とイエスの関係は、トラブルの解決を求めるところから始まりません。反対にイエスが女性に頼みごとをするところから始まり、二人は互いの宗教のこと、女性の家庭の事情などをあれこれ話し合います。

家庭の事情というのは、この女性にはこれまで五人の夫がいたが、いま一緒に暮らしている男性は夫ではないという、ややこしそうな事情です。男性中心社会では、こういうことを読むと、すぐ性的に乱脈な暮らしをしているとか、娼婦ではないかとか言いたがるのですが、そうは書いてありません。ただ、落ち着かない生活をしていることはたしかのようです。イエスのほうからこの話を持ち出していますが、女性は話に乗らず、宗教に話題を移します。

ユダヤ人の宗教とサマリア人の宗教は、根っこは同じです。ただ、紀元前六世紀にユダヤ人の主だった人々がバビロンに連行されているうちに（いわゆるバビロン捕囚）、サマリア（ガリラヤ地方とエルサレムを中心とするユダヤ地方の間）には別の人種が入植して、混血して、宗教的にも変質しました。少なくともユダヤ人はそう考えて、サマリア人を軽蔑しました。その軽蔑への反発として、サマリア人もユダヤ人を憎み軽蔑するようになったのです。女性は、二つの宗教が同根であることや、礼拝の場所が違うことなどを話題にします。しかし、彼女がこの問題に強い関心を持っているようには見えません。ただ、目の前にいる謎めいた人物に何かしら魅力を感じて、彼と話を続けるために、あれこれ話題を出しているようにも見えます。

イエスはただ女性の話に合わせるだけでなく、いろいろ突っ込んだ話を自分からします。「わたしが与える水を飲む者は決して渇かない」（14節）とか、「あなたがたが、この山でもエルサレムでもない所で、父を礼拝する時が来る」（21節）とか。「この山」とは、サマリア人の宗教の中心地であるゲリジム山のことです。女性はイエスのこういう言葉をスルーするわけではないのですが、ビシビシ心に響いているようでもありません。微妙に話をズラしているようにも見えます。

しかし、それにもかかわらず、イエスとの長い対話を終えた女性は変貌しています。町に出かけて行って、町の人たちに「もしかしたら、この方がメシア（救い主）かもしれません」と告げます。暑い盛りの正午に水汲みに来なければならないということは、女性は町の人から疎外され、自分からも近づこうとしなかったように思われます。しかし、いまや変貌を遂げて、疎遠だった町の人々に自分から率直に話しかけています。いやな経験や疎外感があっても、人の中に出ていき、何か貢献しようとするようになることは大きな変貌です。

「サマリアの女」の箇所は、カトリック教会では四旬節《しじゅんせつ》に好んで読まれます。四旬節とは、復活祭前の四十六日（日曜日を除くと四十日）、回心ということについてあらためて思いめぐらす時期です。また、復活祭の日に洗礼を受ける人が最後の準備をするときです。この時期にあらためてこの対話を読むのは、キリスト教的回心の一つの典型だからです。トラブルの解決を依頼するからではなく、たまたまイエスと出会って、言葉を交わすようになった。プライヴェートな生活のこと、宗教の歴史のこと、これからの宗教のこと、いろいろと話します。二人は一つひとつの話題について十分に深く話し合ったわけではありません。女性にとって、これまでの結婚や、いま一緒に暮らしている男性のことが現実的な問題でありそうですが、痛いところには触れないままになっています。しかし、それにもかかわらず、イエスと長い間、いろいろと話をした女性はある変貌を遂げた。

この対話はキリスト教の畑の人間にとっては、いろいろと深読みのできる箇所で、優れた解説が多く書かれています。でも、私の考えでは、二人がただ単に「いろいろと話をした」だけというところにも意義がある。これは案外、キリスト教と無縁だった人がイエスに出会う時の体験に似ているように思うのです。たとえば、キリスト教に関心のある人が聖書講座や入門講座に出席してても、いまいちピンとこなかった。しかし、たまたま同じ講座に出ていたキリスト者と帰り道に喫茶店や居酒屋に立ち寄って、世間のことも含めてあれこれ雑談をしていたら、より親しくキリスト教についての洞察を得ることができたとか。

特に目的を意識しない親しい対話の中にこそ、イエスとの出会いの契機があるような気がします。

34　イエスと「まれびと」

そのしんとした朝の教室のなかにどこから来たのか、まるで顔も知らないおかしな赤い髪の子供がひとり一番前の机にちゃんと座っていたのです。

（宮沢賢治『新編　風の又三郎』新潮文庫）

自分の小さな世界に、ある日、イエスが入ってきて、世界が変貌しはじめる。このプロセスを、ノン・クリスチャンの日本人でも理解しやすいように、「転校生」のアナロジーで話してみたいと思います。

子供が読むストーリー漫画には「転校生もの」がたくさんあります。「スゴイ（おかしな）あいつがやってきた」という話ですね。たとえば、暴力系の漫画では、何人かのワルがしきっているような学校があって、そこに主人公が転校してくる。すると、その学校内の関係性が変わり始めるという話です。その「あいつ」は喧嘩が強かったり、超ハンサムな王子さまだったり、運動能力が非常に高い天才であったりします。だから、小説や漫画になる。けれども、並外れた能力や美貌の持ち主でなくても、一人でも新しいメンバーが入ってきただけで世界はいくらか変わるものです。メンバーたちの関係性が組み変わり、活性化するからでしょう。

数ある転校生小説の中でも私が素晴らしいと思うのが、宮沢賢治（一八九六〜一九三三）の『風の又三郎』です。山の中の村に小さな学校がある。先生は一人しかいなくて、全学年の全学科を教えています。いわゆる複式授業です。子供は真面目に学ぼうとしているし、先生（たぶん女性）も良い人みたいです。今でも決して悪い状況ではないのです。

そこにある日、えらくハイカラな子供がやってきます。髪の毛が赤くて、半ズボンを穿いて、革靴を履いていて、そして大変気が強い。高田三郎という名前です。初めて学校にやってきて、まだ自分が馴染めていないことを感じているんですが、「こんなことは何でもないさ」みたいに、弱味を見せないように頑張っている姿が非常にリアルに描かれています。都会のハイカラな子供が入ってくることによって、山村の学校ではいろいろな出来事が起こります。子供たちのそれまでの関係性がちょっとずつ変わっていきます。

この小説の冒頭、リード文に至る場面を見てみましょう。

さわやかな九月一日の朝でした。青ぞらで風がどうと鳴り、日光は運動場いっぱいでした。黒い雪袴をはいた二人の一年生の子がどてをまわって運動場にはいって来て、まだほかに誰《たれ》も来ていないのを見て

「ほう、おら一等だぞ。一等だぞ。」とかわるがわる叫びながら大悦びで門をはいって来たの

でしたが、ちょっと教室の中を見ますと、二人ともまるでびっくりして棒立ちになり、それから顔を見合せてぶるぶるふるえました。がひとりはとうとう泣き出してしまいました。というわけは、そのしんとした朝の教室のなかにどこから来たのか、まるで顔も知らないおかしな赤い髪の子供がひとり一番前の机にちゃんと座っていたのです。（同前）

これは鮮烈な始まりですね。転校生が来た時の経験というのは、純化していくと確かにこういうもんだなというリアリティのある小説です。同時に、外部から知らない存在がやって来たときの、非日常的な感じもよく表れている。これは人間の世界での出来事であると同時に、神の顕現です。子供たちはこの三郎が「風の又三郎」、その土地で語り伝えられる風の神かもしれないと思います。そして実際にそうなのかもしれない、と思わせるような重層的な書き方がされているのが賢治の天才たるゆえんです。

この後、都会の子だからやっぱり違うなと思われながら、それでも段々に三郎は村の子供たちと親しくなっていきます。そして村の子供たちも、学校に行くのがより楽しみになってきます。学校に行ったら今日も三郎に会える。三郎は、今日は何を言うんだろう、何をするんだろう？一緒に遊ぶだけでなく、喧嘩もします。鼻っ柱の強い三郎に唆されて、思いがけない冒険をして一死にそうになるという事件も起こる。山の中に土手と柵で囲まれている牧場があるのですが、一人が柵を開け、子供たちは中に入り込みます。三郎が知ったかぶりをして、「僕は競馬を知っている。皆で競馬しよう」とか言って皆で馬にちょっかいを出していたら、中にいた馬が外へ走り出してしまう。逃げられたら大変な損害ですから、皆で追いかけて行くうちに一人の子供が遭難しそうになる。こういう思いがけない怖いことも起こります。三郎という転校生が入ってくることで、子供たちの教室、つまり世界が変わりました。

ここで、イエス・キリストを転校生と考えてみるのも面白い比喩かもしれません。イエス・キリストが自分の世界に入ってくることによって、その世界の中の関係性が少し変わっていく。その世界の中の物事や人間は相変わらずでも、一味違う観点で見たり、考えたりするようになる。そして、イエスの教えに影響を受けて、これまでしなかったことをすることもあります。

ところが、三郎は十日くらいでいなくなってしまいます。ある日、子供たちがまた楽しみにして学校に行ったら、先生が「三郎さんはもう引っ越しました」と言う。お父さんがまた転勤になったということです。子供たちはポカンとしますが、「やはりあいつは風の又三郎だったのだ」と納得します。ある時突然やって来て、また突然に去って行く。訪問神ですね。

これは民俗学では一つのパターンだそうです。「まれびと」と言います。「客人」と書いて「まれびと」と読みます。外部からある日、村にやって来る訪問者は一種の神です。その存在が世界を変える。漂泊の芸人というのは差別されることもありましたが、同時に神です。一座を組んで村を訪れると、平凡な日常に、ある変化が起こる。漂泊の芸人は長くは村に留まらずに、去っていきます。村はまた元通りになる。ただ、まったく元通りかというとそうではないんですね。外部からやって来た人が起こした、関係性の変化、波瀾というもののいくらかは残るのです。閉じられた共同体は放っておくと澱《よど》む。同じ関係性の中でずっと昨日も今日も同じだというふうにやっているると、徐々に澱んでくる。しかし時々、外部から入り込んでくる人がいると、それによって澱んだものが掻き回されて、また新たな活力が生じてくる。明治時代のキリスト教が信者はたいして多くなかったのに、相当の政治的文化的影響を与えることができたのは、日本の社会にとって訪問神であったからでしょう。

「まれびと」の発想は、渥美清の演じた旅の香具師《やし》フーテンの寅とか、芦屋雁之助の演じた放浪の天才画家山下清の物語に、連綿と受け継がれています。晩年の寅さんはたしかに神でした。しかし、映画の終わりになると、寅さんは必ずどこかへ去ってしまいます（それがこのシリーズのいいところですが）。一方、イエス・キリストはずっと我々の間に留まって、共に人生の旅をしてくれます。そこが「まれびと」とイエス・キリストの大きな違いです。

35　定期的な祈り

日曜日に、キリスト信者は、一つに集まらなければならない。

（ヨハネ・パウロ二世『主の日』）

ヨハネ・パウロ二世（一九二〇〜二〇〇五）は、ポーランド出身の第二六四代ローマ教皇です。精力的に諸国を訪問し、その地のカトリック信者を励ますと同時に、政治指導者たちとも会って、現実政治に影響を与えようとしました。実際、冷戦の終結については、この教皇も大きく貢献したと評価されています。その一方で、多くの回勅《かいちょく》や使徒的書簡を諸国の教会に書き送ることによって、信者たちの教理的な知識を堅固に保とうと努めました。リード文は、教皇自身の言葉ではなく、「典礼憲章」（一九六三年）という教会文書からの引用です。

『主の日』は、ヨハネ・パウロ二世による一九九八年の使徒的書簡です。イエスが復活した「主《しゅ》日《じつ》」、つまり日曜日の意義をあらためて説いています。主日の意義はその日の過ごし方全体に関わることですが、中心はなんといっても「礼拝」です（カトリックではミサ）。主日の礼拝に出ることは、「私はあなたと一緒に歩みたいです」という意志を、身体でもってはっきり示す、キリスト教信仰の本質的な部分です。集まって礼拝すること自体が決定的に大事なのです。だから、宗派によって礼拝が違う形をとっていても、主日の礼拝さえ行われていれば、同じキリスト教といえます。プロテスタントでは「礼拝を守る」という言い方をよくしますが、これこそがキリスト教信仰の譲れない生命線であるという意識を表現しているのでしょう。しかし、教会の外に向けたキリスト教解説の中で、礼拝の意義が強調されることが少ないのは残念です。

思想的な方面からキリスト教に関心を持つ人は「儀式」を軽視する傾向があります。「イエス・キリストは愛の実践を教えた。だから、共に歩もうとする意志は儀式に参加することよりも、むしろ日常生活における行動で示されるべきだ」――そう考える人は、キリスト者の中にもしばしば見られます。たしかに、聖書自体の中にそういう意味の言葉もけっこうありますが、しかし、それだけを強調すると、キリスト教信仰は倫理や道徳とほとんど同じになってしまいます。倫理や道徳は、「イエスと共に歩むこと」に基盤を置いている必要があります。

キリスト教信仰においては、イエスと人間の関係は、結婚の比喩で語るのが最も本質に近づけると思うので、そこから考えてみましょう。夫婦が一緒に暮らす、共に人生を歩むということは、互いの価値観を重んじ、それに則ってそれぞれが行動すれば、それでよいという話ではありません。やはり一緒に同じ場所で時間を過ごすということ自体がとても大事です。夫婦が一緒に時間を過ごす中で、しだいに価値観や物の見方をより深くわかちあっていくのが本当の結婚生活だと思います。

一方で、夫婦が一緒にいるというのは惰性に陥りやすいものですから、定期的に「一緒にいること」をフォーマルに祝うことも有益です。たとえば、一年に一度、結婚記念日を祝うということです。ちょっとオシャレをして、いつもよりちょっと良いレストランで一緒に食事をする。そこで家庭の運営について会議をするわけじゃありません。一緒に暮らしてきた一年について、あれこれと話し合う。そして、これからのこともちょっと話す。夫婦が長く一緒に暮らす上では、たいへん有益な時間になるでしょう。

それと同じように、キリスト者にとって、毎週礼拝に出かけていくことが大事です。カトリックのミサは、だいたい一時間あまりかかります。教会まで出かける時間、帰る時間を考えると、半日仕事になります。信者でない人には理解できない時間の使い方でしょう。これは関係性から来ています。それだけの時間（と交通費？）をかけること自体が、イエス・キリストと共に歩みたいという信者の意志の表現です。人間が何を大事にしているかは、口だけではわからない。何のためにしっかり時間を使っているかにこそ、表れるものです。葬儀も、会場まで出かけて行って、ある時間を一緒に過ごすこと自体が、故人とその家族を大事に思っていることの表現です。

熱心なカトリック信者は月曜日から土曜日までの日常生活を、神の言葉を意識しながら暮らします。イエスはわたしに何を語りかけているのだろうかと思いめぐらします。そして、神への語りかけとして、折に触れて祈ります。しかし、それだけだとどうしてもイエスとの関係性が惰性に陥りやすい。イエスと共に歩んだ一週間の旅路をまとめるものとして、日曜日のミサへの参加が必要不可欠なのです。

36　経験と言葉

むずかしいのは、その目ざめた感覚が、ある一つのことばをそれに冠することができるまでに成熟して、一つの「経験」になることです。成熟して、一つの経験になるならば、ごたごたと書かなくても、ある一つのことばでもってその感覚を全部あらわすことができるようになるわけです。

（森有正『生きることと考えること』講談社現代新書）

森有正《もりありまさ》（一九一一〜一九七六）は三代目のクリスチャンです。祖父は、明治政府の初代の文部大臣で、国粋派に暗殺された森有礼《ありのり》。父親は森明《あきら》といい、プロテスタントの牧師です。有正は戦前にすでに東大仏文の教員で、そうとうの業績もありましたが、論文を完成するために戦後フランスに留学しました。そこで西欧文化の重厚さと奥の深さに魅せられて、フランスに住みつきました。職を得て定住しつつ、日本に向けて、思想的エッセイを書き送り、今でもそれはよく読まれています。「内的促し」「感覚」「経験」「言葉」などの独特の概念を駆使した言説は、日本人の思想的営みに一石を投じてきました。

森有正は、西欧文化、特にフランス文化に打ち込み、それを深く理解することに生涯を費やしました。欧米の文化的事物（デカルト、パスカル、バッハ、ノートルダム大聖堂など）をじっくり長い時間をかけて綿密に見つめ、それらと触れ合い、ある場合には格闘しつつ、対象の本質に至ろうとしました。その長い時間の経過の中で自分の中にしだいに形成されてくるものを「経験」と呼んでいます。これは、彼の思想のキーワードになっています。彼は「〇〇を経験する」という動詞は使いません。彼の言うところの「経験」と、古来からある「言葉」が出会うとき、思想は堅固なものになる。自分の生き方を導くものとなる。

この思想は、美しい言葉が先走りしがちな日本の思想活動にとって、たいへん有益な警告です。たとえば、明治期から現在に至るまで、日本の政治シーンで「立憲主義」「立憲政治」という言葉が事あるごとに使われてきました。それに関わる西欧政治思想史についての啓蒙活動もずいぶんなされてきました。しかし、日本人の中にそれなりに形成されてきた経験には、この言葉と対応するものはほとんどなかったと思います。だから、ブームが過ぎると、残る影響はきわめて小さい。森有正はこうも言っています。「私は、すべてまず名前があって、それによって求めたものは全部うそだという確信を持っています」（前掲書）。

世界について、人が生きるということについて、長く模索を続けてきた人の中に、ある「経験」が形成されていく。それがキリスト教のキーワードである「愛」「和解」「信仰」などと対応するようになるとき、キリスト教信仰に対する関心が、教養を超えて、実存的なものになるのだと思います。

ただし、一人の遍歴者が自らの「経験」に、「ああ、これが○○か」と名付けることのできるキリスト教の言葉はそう多くはないと思われます。少数の言葉がその役割を果たす。私の場合なら、それは「和解」です（23を参照）。「愛」という言葉を使って話すこともしますが、私の中ではそれも和解というニュアンスを強く持っています。一方、自分の中に形成されてきた経験に、「罪」と「赦し」という名をつけた人も多いでしょう。私も「愛」や「罪」や「赦し」という言葉のキリスト教的な意味を学び、それをいちおう理解しています。人に話すこともできる。しかし、それは私が自分の中に形成されてきた経験に名付けた言葉ではありません。

森有正が言うように、自分の中の対応する経験が薄いままに、キリスト教のキーワードについて雄弁に語りすぎると、かえって経験の形成を妨げることになるでしょう。語ること、論じることよりも、まず生きることを優先して、経験の形成を待つべき時期があります。しかし、彼の言っていることが一方的であることもたしかです。人間の経験は、それが形成された後で言葉で名付けられるだけではなく、そもそも、言葉によって導かれ形成されるものでもあります。本書で、キリスト者になっていくプロセスを次のように説明してきました。自分の世界の中にイエス・キリストがそっと入って来て、周辺からしだいに中心に近づいてきて、また実在感を濃くする——私のこの理解はただ模索しながら生きているうちに自ずと生まれてきたものではありません。私がキリスト教に出会った早い時期に惹かれた一つの言葉によって導かれています。

それは、「アドヴェント（advent）」という言葉です。「向うから立ち現れる」という意味です。カトリック教会では降誕祭（クリスマス）直前の数週間を「待降節《たいこうせつ》」と呼びますが、もとの言葉はアドヴェントです。人間の側から見ると、どうしても「待つ」に重点がかかりがちです。しかし本来の重点は、イエス・キリストが「向うから立ち現れてくる」ところにあります。私はこの言葉に惹かれました。なぜ惹かれたのかは、それ以上は追及できないという気がします。キリスト教信仰のひとつの説明の仕方は、「神に聴き従う」というものです。私がその言い方をあまりしない（できない）のは、私の経験が「神が自分に立ち現れる」という言葉によって導かれてきたためです。24の四つの図はそれを整理したものです。

私は、「和解」と「アドヴェント」という言葉に惹かれて、キリスト教の言説を学ぶようになりました。そして、その言説に導かれて、自分の世界を「イエスが入って来た」世界として認識するようになったのです。しかし、それはキリスト教の言葉をただ自分に当てはめたのではありません。一方では、世界が実際にこのように立ち現れてきたのです。こうした経験と言葉が互いに相関しつつ、人間の生き方が変貌していく。このような相関は宗教的経験に限りません。誰もがその人生を生きていく上で味わう、普遍的で本質的な感覚だと思います。

第3章　「共に生きる」とはどういうことか——キリスト教の幸福論

37　他人への怖れ

自分には、人間の生活というものが、見当つかないのです。

（太宰治『人間失格』新潮文庫）

太宰治（一九〇九〜一九四八）は聖書を愛読し、キリスト教に深い関心を抱いていたと言われます。「駈込《かけこ》み訴え」は、裏切り者ユダを主人公にした短編です。「待つ」という短編は、自分の小さな世界への何者かの訪れを待つ女性の独白ですが、これもキリスト教的なテーマと言えます（24参照）。『人間失格』は、彼の根本的なテーマである「人間への漠然とした怖れ」を扱った代表作です。

人間はいろいろなことを怖れているものですが、現代日本で最も前景化している怖れは、自分が自分のままで人に受け入れてもらえるだろうかという怖れだと思います。

若い人の間でコミュニケーションが貧しくなっているという憂慮はよく聞かれます。対面の身を入れたコミュニケーションを怖れるので、ネットでのヴァーチャルな交流に逃避するのだ、とか。若者論で風俗批評的に言われることが多いですが、この怖れはどの年齢でも、人間に深くあるものだと思います。私自身も、人々に対してある怖れをずっと抱き続けてきました。それは、「うっかり思っていることを言うと、人が怒る」というものです。

こういう出来事を思い出します。小学校の頃、遠方に住んでいた祖母がひょっこり私の家にやって来たことがあります。私は「あ、おばあちゃんが来た」と思って、「おばあちゃん、何しに来たの?」と言いました（笑）。すると怒りました。「久しぶりに会ったのに、こんなことを言う。なんて意地の悪い子や!」。しかし、そうじゃないんです。私は、ただ質問をしたんです。大人の世界では、「あんた何しに来たんだ」と言うのは確かに喧嘩を売っているようなものですが、子供はそうじゃない。「おばあちゃん、しばらく会わなかったのに来た。ところで、用事は何だろう」という、ただ本当に単純な質問なんですね。

祖母がしばらく滞在していたので、私は、今度は「おばあちゃん、いつ帰るの?」という単純な質問をしました。またまた怒りました。いま考えると、実際はそんなに深刻な出来事ではなかったのでしょうが、このエピソードは私の人に対する怖れを表現するシンボリックな物語として記憶の中にあります。もしかしたら本当の原因は他にあるのかもしれませんが、ともかく私の心の中に「思っていることを言ったら、人は怒る」という根深い恐怖が抜きがたくある。

私は人から手紙を貰うと、返事を出すのにものすごく時間が掛かります。私はいつでも本当のことを書きたいと思っています。通り一遍の返事でなく、本当に思っていることを書きたい。しかし、これを書いたら、相手の人がどう思うかということを考えてしまいます。相手の反応として想像されることは、なぜか、「本当の気持ちを書いた良い手紙を貰った」というものではないのです。「こいつは、またこんな気取ったことを書いてきやがった」とか、「御大層に何様のつもりだ」とか、ムッとしたり、嘲笑したりするんではないか。先にそれが思われて、なかなか返事を出せない。

こういう怖れを持つ人はかなり多いのではないかと思います。私の若い頃は、太宰治は高校生の読書の定番でした。今は前ほど読まれていないようですが、まだ根強い支持があります。彼の小説は「人に対する漠然とした怖れ」をよく表現しているからだと思います。若いうちは社会的な自信がないから、人への漠然とした怖れを自分で意識することも多いのでしょう。そのテーマを集大成したような作品が『人間失格』です。

自分がこう振る舞うと人はこう思うだろう——その見当がまったくつかないので怖い。その不安を振り払うために、頼まれもしないのに道化た振る舞いをしてしまい、それがまた不安を増す。今の日本で「一億総芸人化」が起こっているのは、この怖れが増幅しているからかもしれません。私自身は道化た振る舞いをするタイプではないですが（むしろ攻撃的になるか、無愛想になる）、そのような心の動きは何となくわかります。

こういう漠然とした不安を覚えず、思っていることをそのまま口にできる話し相手はなかなかいないものです。しかし、ひとりだけでも、まったく安心してコミュニケーションをとれる存在があれば、他人に対する怖れはそうとう解消されます。私は、イエス・キリストに自分の苦労や嘆きを折に触れてよく語りかけています。くだらない悩み、くよくよした弱音もイエスがすべて受け止めてくれると感じます。もちろんそれで生活上の苦労や悩みがなくなったわけではありませんが、イエスのおかげで、少なくとも自分が家族や友人同僚から理解されていないというフラストレーションや怒りをもうほとんど感じなくなりました。

結局のところ、本当の理解者というものはそんなにたくさんは要らないものだと思います。本当に底の底までわかってもらえるなら、ひとりだけでいい。イエス・キリストが何でも聞いてくれて、わかってくれるので、家族や友人からの反応については寛大に受け止められる。むしろ、私などの言うことにとにかく耳を傾けて、親切な言葉をかけたりしてくれることに感謝するようになりました。他人の無理解への恨みつらみがめっきり減ったおかげで、私のコミュニケーション力もずいぶん改善したように思います。

もっとも、絶対評価で、私がとても人付き合いの良い男になったという意味ではありません。それは今でも拙い部類に入るでしょう。改善というのは、イエス・キリストの「使用前」と「使用後」の当社比較です。コミュニケーションに限らず、キリスト教信仰を持つことによって人間が良くなるのか、幸せになるのかという問題は、常に同じ人間についての「イエス使用前」と「イエス使用後」で比較してください。

38　世界への怖れ

イエスはすぐ彼らと話し始めて、「安心しなさい。わたしだ。恐れることはない」と言われた。
（マルコ福音書6章50節）

弟子たちは、自分たちだけで先にガリラヤ湖に出て激しい嵐に遭いました。漕ぎ悩んでいると、あとから水の上を歩いてイエスがやってきたので、弟子たちは幽霊かと恐れます。リード文はその弟子たちに対してイエスがかけた言葉です。

大学生の頃、何度か伊豆七島行の船に乗ったことがあります。夜中に甲板に出て海面を見ていると、とても恐ろしい気がしました。その深い海の底は暗い場所で、いったんそこに落ちてしまったらもう終わりだ。私は泳ぎができないのです。この船の中だけがかろうじて明るい安全な場所で、その外は恐ろしい暗い世界と感じられました。

私はよく考えるのですが、大人は、子供の世界を楽観的な明るいものと思い過ぎているんじゃないでしょうか。毎日が夏休みみたいなもので、「お早う、今日も元気だ、何して遊ぼうかな？」

みたいに張り切っているものだと思い込む。しかし私たちは、子供の世界とは怖れに満ちたものでもあるということを常に思い起こさなければならないと思います。もはや幼児ではない青年たちについても同じです。

この頃、社会論でいわゆるサブカルチャーが取り上げられることが多いですね。アニメとか、ライトノベルです。恋愛ストーリーも友情物語もさほど目新しいとは思いませんが、一方である種の「世界観的な構造」を持っていることが特徴です。最も有名なアニメ作品のひとつである『風の谷のナウシカ』を考えるとわかるでしょう。そう言えば、アニメとSFは親近性があります。SFが人間心理よりも「世界の構造」に関心を向ける分野だからでしょう。

私はある時期、必要があって、いくつかのライトノベルを読みました。「涼宮《すずみや》ハルヒ」シリーズとか、『イリヤの空、UFOの夏』とか。少し驚いたんですが、ライトノベルの世界はかなり暗い。若者同士のノリのいい対話もあって、それはたしかに明るいのですが、世界観は暗いものだと感じました。自分たちが暮らしている小さな世界（たとえば学校）があり、その外には自分たちが知らない広い世界がある。そして、その広い世界は邪悪さを帯びたものである。そういう世界観です。そして、時に外側にある邪悪な世界の生き物が、私たちの世界に侵入してくる。村上春樹の作品にもそういう構造のものがあります。私たちの小さな世界に時々裂け目が開いて、そこから恐ろしいものが入りこんでくる。村上春樹のよく使う表現で言えば、「我々の魂を損なう」。

世界に対する怖れの一つは、前項で述べたように「人が自分をどう思うかわからない」ことですが、それが嵩じると、世界全体がいつ自分に向かって牙をむくかわからない恐ろしいものとして感じられることがあります。ネットでの匿名の非難や罵倒は、実名の発言よりも、恐ろしく感じられます。当の相手はたぶん、自分に現実の危害を加える力はありません。ただの紙つぶて、便所の落書きです。それがひどく恐ろしいのは、ひとりの人間の理不尽な罵倒の背後に自分に悪意を持っている深く暗い世界の存在を感じてしまうからでしょう。

一九九五年に大ヒットしたテレビアニメ『新世紀エヴァンゲリオン』は、その後劇場版としてシリーズ化され、リメイク版も作られていますが、この暗い世界観をそのまま表したような作品です（ちなみに「エヴァンゲリオン」とはギリシア語で「福音」という意味）。何度見ても筋がよくわからないんですが、ただ基本的な世界観だけはよくわかる。外の世界から怖いモノ（使徒と呼ばれる）がやってくるということなんです。そして、一進一退はあるが、人間たちはその怖いモノを決定的に打ち負かすことができない。

上遠野浩平《かどのこうへい》の「ブギーポップ」は、ライトノベルの人気シリーズの一つです。第一作『ブギーポップは笑わない』は一九九八年発売。今も続くシリーズ物で、登場人物は作品ごとにかわりますが、世界観は同じです。人類社会は、暗闇に潜む巨大な「悪の力」に脅かされている。時々、間歇泉《かんけつせん》が噴出するように、異能者が「世界の敵」として現れて、人間たちを殺戮する。シリーズ第五作『夜明けのブギーポップ』に登場する来生真希子《きすぎまきこ》は精神科医ですが、人間の恐怖を喰らって生きる怪物と化しています。一方、その類の怪物を阻止しようとするブギーポップは、宮下藤花《みやしたとうか》という少女の人格の中に潜んでいます。

「それは怖くないだろう。あなたには」

まっすぐに真希子を見つめて〝彼〟は言った。

真希子はぎくりとして、あらためて宮下藤花の〝恐怖〟を観察しようとした。

（中略）

「……どういう意味、それ？」

真希子がぎこちない口調で訊ねると〝彼〟はこれまたきっぱりと断言した。

「あなたこそが世界の敵だからだ」


（上遠野浩平『夜明けのブギーポップ』電撃文庫）

このような作品が若い人のカルチャーの中に浸透していることを考えるとき、若い人に対して同情を感じます。あなたがたは、世界をこういうものと感じて生きているのか。このような漠然《アモルファス》とした怖れは、社会学的に実証できるようなものによって引き起こされているのではありません。世の中でささやき続けられる、私たちが子供のころから聞かされてきた無数の言葉によって織りなされています。

そのような世界観に対抗できるのが、キリスト教の福音です。この世界は「大丈夫な場所」であり、神が我々と共に歩んでくれるという世界観を示してくれます（17参照）。荒れ狂うガリラヤ湖の真ん中で、イエスに向かって「助けてください、私は恐いんです！」と呼びかける。そして、「安心しなさい。わたしだ。恐れることはない」というイエスの言葉を聞く。「わたしだ」は英語では、I AMです。「わたしが（共に）いる」とも訳せます。

39　自分への怖れ

ある人が走り寄って、ひざまずいて尋ねた。「善い先生、永遠の命を受け継ぐには、何をすればよいでしょうか。」

（マルコ福音書10章17節）

キリスト者の間では「金持ちの青年」と言うだけでわかる有名なエピソードからの引用です。この後、イエスが十戒のいくつかの項目（殺すな、姦淫するな……）をあげて答えると、青年はそういうことはすでに実行していると言います。イエスがさらに、「それなら、自分の財産をすべて貧しい人に施して、それから私に従いなさい」と勧めると、青年は悲しんで立ち去ったとあります。

37で私たちは「人が自分をどう思っているか」を怖れているという話をしましたが、「自分はいったい正しい道を歩んでいるのか」という疑惑も、案外に私たちを苦しめているのではないでしょうか。一つひとつの行動が倫理的道徳的に正しいか（企業犯罪に手を染めていないか、とか）という意味ではありません。英語でいうと、authentic という形容詞が近いかと思います。本当の自分に即して生きていないのではないか。「自分探し」という言葉は今では嘲弄的に用いられますが、その望みそのものは的外れなものではないと思われます。

何か自分にとってとても大事なものを疎かにしたまま、それに薄々気づいていながら、道をドンドン突き進んでいるのではないだろうか。これでどこに行き着くのか、危うい気がする……。例えば、私は子供の頃から多くの本を読んで、あれこれ考えることが好きです。その方面でいくらかの仕事もしてきました。しかし、もっと人の中に出て揉まれるべきではないだろうか。それを疎かにしたために、もっと練達した自分になれたはずなのに、そうなれないでいるのではないだろうか。いつもそんなことを意識しているわけではありませんが、それでも常に頭のどこかにある不安です。逆に、どんどん行動しているように見える人にも、自分は本当に物事が見えないまま闇雲に生きているのではないかという不安があるかもしれません。

これは死の不安に似ているかもしれません。死の不安など感じてもしようがない、生きているうちは生きるだけのことだとか、いろいろ言うんですが、自分がいつか死ぬということはいつでも心のどこかに棲み着いていて、自分の生き方にある蔭りを与えているものだと思います。それと似ていて、「いったい自分は正しい道を歩んでいるのか」というかすかな不安はいつも心にあって、やはり生き方に蔭りを与えているように感じます。

リード文に出てくる金持ちの青年は、なぜイエスのところにやって来たんでしょう。十戒で命じられているようなことはとっくに実行していると自分で言うのですから、倫理的道徳的にはいちおう自信を持っています。裕福で、たぶん健康にも家族関係にもあまり問題を感じていなかったでしょう。少なくとも、そういう具体的なことを相談に来たわけではなさそうです。自分の生き方に本当に安らうことができない、何かが間違っているのではないか。「永遠の命を受け継ぐには、何をすればよいでしょうか」という質問にもそれは感じられます。

イエスの「財産を全部貧しい人に施せ」という勧めはたいへん過激なもので、いきなりこんなことを言ったら、誰もが引いてしまうでしょう。福音書のイエスは、ベテランのキャリア・カウンセラーのようには振る舞わないのです。ひょっとしたら、この青年にはこの処方箋が効くと思わせる何かがあったのかもしれませんが、とりあえずは大外れでした。しかし、立ち去って行く青年の後姿を見ながら、イエスはこう思ったんじゃないか。「おいおい、話はこれからだろう」。

青年はここで「先生、いきなりそんなことを言われましてもねえ」と話を続ければよかったと思います。自分の生き方を定めていくには、自己反省だけではなく、自分の迷いや不安を心底から受け止めてくれる人と少しずつ対話していくことが必要です。先ほど述べた私の不安、「自分は書斎派に過ぎるのではないか」という迷いをうっかり行動派の人に相談すれば、「そう思うんなら、行動したらいいじゃないか」と言われるでしょう。そして私は「この人は私が言っていることが全然わかっていない」と思う。私と同じ傾向を持つ人なら、「それでいいのよ。自分は自分。長所を伸ばせばいいのよ」と言ってくれるかもしれません。しかし、これでもたぶん私の迷いは解消の方向にむかわない。こんな答えがあることは前からわかっているわけで、それでは気持ちが片付かないから不安なのです。

残念ながら、この場ではイエスと青年の対話は始まりませんでした。始まる前に終わってしまいました。しかし、イエスが死の淵を越えて復活したのち、この青年がその知らせを聞いて、かつての短いが強烈な対面を思い出したということはありえます。これは必ずしも勝手な想像ではありません。イエスの死後、キリスト教信仰がユダヤ人の間にもある程度広まったのは、使徒たちがゼロから宣教したからではない。一度だけイエスと出会った人々の中に、その思い出をずっと抱いている人がいたからだと考えられます。青年は誕生したばかりの教会に近づき、キリスト者となったかもしれない。そうして、「永遠の命を受け継ぐ」ことについて、イエスとじっくり対話をするようになったかもしれません。

ルカ福音書による復活後のイエスの顕現にはこういう記事があります。二人の弟子が指導者と仰いできたイエスの無惨な死に失望して、故郷へ帰ろうとしています。二人であれこれと繰り言をいいながら歩いていると、復活したイエスが自ら二人に歩み寄り、道連れになって、親身に二人の話を聞き始めます。

話し合い論じ合っていると、イエス御自身が近づいて来て、一緒に歩き始められた。(中略)イエスは、「歩きながら、やり取りしているその話は何のことですか」と言われた。

(ルカ福音書24章15〜17節)

宣教時代のイエスは、自分のメッセージを伝えることにやや性急な印象があります。でも、復活後のイエスは、より穏やかに話を聞いてくれるように感じます。

40 「不安に満ちた世界観」にどう対抗するか

人が独りでいるのは良くない。彼に合う助ける者を造ろう。

（創世記2章18節）

ここまでの三つの項目で、人間が持つ漠然とした不安、しかし容易には振り払えない不安を取り上げました。このような関係性への怖れ、実存的な悩みというのは、食べる飲む眠るといった「生理的欲求」、身体に危害を加えられないという「安全の欲求」がかなり充たされている現代日本では、前景化しやすいものです。そのような不安を乗り越える道として、イエス・キリストと対話を続けながら人生の旅をするという生き方を提示しました。キリスト者にとっては、それは不安を乗り越えるための単なる手段というより、キリスト教信仰の本質そのものでもあります。

しかし、それだけではキリスト教信仰を共にしない方には、関係のない話、役に立たない話となってしまうでしょう。本書は、キリスト教が考え抜いて実践してきた知恵は、ノン・クリスチャンの方にも有益な示唆を与えることができるという視点を持っています。そこで、いよいよ「はじめに」で予告したように、「人と人が共に歩む」という話をしたいと思います。カトリック神父としては、「イエスと共に歩む」ことを勧めたい気持ちもありますが、ノン・クリスチャンの方に対してキリスト教の視点から「人と共に歩む」ことの意義を説くことも、とても重要な務めだと感じています。

類比的思考（アナロジー）について、もう一度説明を試みておきます。キリスト教の教えが信仰を前提としない人にも役に立つ可能性があるという根拠についてです。今の文脈で大事なのは、「関係性の類比」です（もう一つは「属性の類比」）。キリスト教（とくにカトリック）は、神：人間＝人間A：人間Bという比例式が成り立つと考えます。神と人間の関係において言えることの中のかなりの部分は、人間と人間の関係についても言えるのだということです。そう考えることができるのは、人間は神の似姿（ラテン語で imago dei といいます）として創造されたというキリスト教信仰に基づいています。

神は御自分にかたどって人を創造された。
神にかたどって創造された。
男と女に創造された。
（創世記1章27節）

類比的思考によって「神―人間」関係から得られた人間関係についての洞察（らしきもの）が、はたして真実を言い当てているという保証はあるのか。キリスト教信仰を前提にしていない人には、その保証はないことになります。しかし、類比的思考は証明のための議論ではなく、発見のための思考です。たとえば、私は「地域再生」（商店街、観光立国、B級グルメとか）の文献をよく読みます。そういう仕事をしたいからではなく、キリスト教宣教と類比が成立しそうな気がするからです。宣教のために何をしたらいいのか、どういうことに配慮すべきかをゼロから考えていても、何の知恵も浮かばない。しかし、地域再生についての文献をあれこれ読んでいると、キリスト教宣教についてのヒントが得られるのです。もちろん、地域再生に関する知恵が本当に宣教に適用できるかどうかは、個々に自分で考えなければなりません。

キリスト者は神との関係を本気で生きながら、類比的思考を積み重ねて、人間と人間の関係についての洞察を得てきました。その中には、他の文化や宗教が思いつかなかったものもあるでしょう。つまり、「視点の発見」です。キリスト者でない方は、提出された視点を「神抜き」にして考察してください。そして、もし取り入れることのできるものがあれば、その知恵を取り入れていただきたいと思います。実を言うと、私は、この先、日本でキリスト者がどんどん増えるという意味での宣教については、それほど明るい見通しを持ってはいません。しかし、洞察の提供という点では、この先もキリスト教が日本社会に大いに貢献することができると思っています。

さて、前置きが長くなりました。漠然とした不安に満ちた世界観に対抗するために、キリスト教はどのような視点を提供できるのか。その答えは冒頭に引いた創世記の章句にあります。「独りでいるのは良くない」、つまり「他者と共に生きる」ことが必要だということです。共に生きる相手はイエスでなくても構いません。ここで神が造った「彼に合う助ける者」とはエバ、つまり普通の人間です。

しかし、ここですぐに、「人間はね、ひとりじゃ生きられないんだよ!」というテレビドラマにしばしば出現する言葉との差異を考えておく必要があります。ドラマの台詞が言っているのは、主に助け合うことの必要性です。古い人情劇に出てくる「人という字はなあ、こうして棒と棒が互いに寄りかかって立っているじゃろう」という苦労人のおじいさんの言葉も主にそれを言っています。聖書の言葉にももちろん、助け合いの意味はあります。しかし、それがメインではありません。聖書の言葉が言っているのは、「共に生きることは人間の本質である」ということです。その本質に従って、それを豊かにするように生きることが、長い目で見て、漠然とした不安に満ちた世界観を打ち破り、人間を幸福に導くというのがキリスト教の考えです。そのことを次項から少しずつ説明していきたいと思います。

41 なぜ「独りでいるのは良くない」のか――「自己幻想」と「共同幻想」

近代主義者は〝個〟としての人間にこだわりながらも、理念として行き着いた先は「個人幻想・対幻想を否定し、共同幻想（民主制）そのものに化す」存在様式でした。

（宇田亮一『吉本隆明『共同幻想論』の読み方』菊谷文庫）

前項で「不安に満ちた世界観」と対抗するためには、他者と「共に生きる」ことが必要だと言いました。「いや、そもそも他者と共に生きることが不安で苦痛だと言っているんじゃないか！」という反論はあるでしょう。挨拶や世間話、あるいは仕事上のやり取りをする程度の付き合いならまだしも、「濃い関係」になればなるほど人間関係は厄介になります。それでも、キリスト教（聖書）は、人と共に生きようとすることが、正しいだけでなく、暮らしの奥底に深い安心を抱いて生きる道だと主張します。

まず、しっかり理解していただきたいのは、人が共に生きることについて、カトリックは「一対一」の親密な関係性を非常に大事なものとして考えているということです。一方で、カトリック教神学には「教会論」という重要な分野があって、信仰者の共同体の重要性を論じていますが、それと同等の重要性を「一対一」の関係性に認めているのです。いまの日本では大家族や地域共同体の暖かい人間関係を取り戻そうという主張がよくなされていますが、キリスト教の独自の強調点は、グループに包摂されて生きることではなく、一対一の関係性です。

この点をクリアにするためには、吉本幻想論が持つ「対幻想《ついげんそう》」というアイデアがたいへん有効です。吉本隆明は戦後日本最大の思想家と讃えられながら、一方では、何を言っているのかわからないとの冷評も受けてきました。文章が難解であるだけでなく、一時は新左翼の教祖とまで言われたことと、私生活優先主義を主張しているかに見えることが整合的に理解できなかったせいもあるでしょう。主著の一つである『共同幻想論』もやはり毀誉褒貶にさらされてきました。リード文に引用したのは、宇田亮一氏の小さな解説書の第一章（「〝共同幻想〟って何だろう」）の一節です。これは、私にはじめて吉本の言っていることをわからせてくれた（そして吉本を偉いと思わせてくれた）珠玉の文章です。

よく知られているように、吉本幻想論は、「共同幻想」（個人と共同体の公的関係）、「対幻想」（個人と個人の私的関係）、「自己幻想（個人幻想）」（個人の内面世界）の三つを論じます。幻想という言葉は、もちろん、現実を逃避するための「妄想」とか「嘘っぱち」の意味ではありません。宇田氏の解説によると、幻想という言葉には「人間は現実を生きているのではなく、現実を意味づけて生きている」、「人はあるがままの現実を生きているのではなく、意味づけられた世界を生きている」という、能動受動のニュアンスがこめられています（宇田前掲書）。それをあえて「幻想」というネガティヴな響きを持つ言葉で表現したことに、吉本のスタンスが現れていると思いますが、読者の方には幻想という言葉を、「観念に浸透された生活」というようなニュートラルな意味で理解してほしいと思います。

吉本のいう三つの幻想のそれぞれの内容は必ずしも明確でなく、揺れているように思えるのですが、彼の大きな業績は三つの世界（関係性）を「切り分けた」ことそのものにあります。人間が生きている現実を、あえて三つの「幻想」に切り分けたのは、一つの領域がもう一つの領域に圧倒され、あるいは吸収されてしまうことへの警戒を呼びかけるためです。吉本の思想家としての偉さは、個々の問題についての考察の深さ細やかさよりも、このようなざっくりとした大きな洞察にあると思います。そして、それをキャッチーな言葉で表現する才能です。「大衆の原像を繰り込む」もそうですね。

リード文をやや単純に図式化して言えば、近代主義者は、宗教や家族などの〝前近代的〟な軛《くびき》から逃れ、自由で自立した個人を目指そうとした結果、かえって国家や企業などの大きな共同体に自分の存在理由を委ねるようになってしまった、ということになるでしょう。共同幻想が他の二つを圧倒してしまうことへの強い反感が、吉本思想の一つの柱のように思われます。共同幻想というとファシズム的な国家体制が連想されますが、宇田氏の解説があらためて指摘したのは、民主政治や立憲政治という「好ましい」思想や制度も共同幻想であるということです。権力的国家や好戦的ナショナリズムの源泉になるような国家観に抵抗するだけでなく、民主主義や立憲主義という共同幻想を観念的に肥大化させて、人間の暮らしの他の領域（対幻想、自己幻想）を窒息させることもまた警戒し、防がねばならない。このように考えると、吉本がひたすら政治的引き回しに没頭する体制的左翼への強い抵抗心を持っていたことと（だから新左翼の教祖に祭り上げられた）、私生活優先主義を強調したことが整合的に理解できるように思います。

ところで、なぜ共同幻想に対抗するために、キリスト教は対幻想（共に生きる）を特別に重要なものとして取り上げるのでしょうか。自己幻想（個人幻想）ではダメなのでしょうか。キリスト教は、あるいはその衣鉢を継ぐ西欧思想は、まさに「近代的個人」こそを重視したのではなかったでしょうか。

これを説明するためには、吉本幻想論の解説に取り組んだもう一人の思想家を援用する必要があります。以下、次項に続きます。

42　なぜ「共に生きる」のか――「対幻想」を重視する

しかし対幻想はちがう。他者は「わたくしのようなもの」という類推を拒み、しかも「もうひとりの私」として私と同じ資格を私に要求してくる。

（上野千鶴子「対幻想論」、『女という快楽』所収、勁草書房）

吉本隆明は「対幻想」という言葉の発明者ですが、彼がこれを「自己幻想」と区別して、どれだけ強調したかったかははっきりしません。国家レベルの共同幻想に対抗することこそが、吉本の目的だったとすれば、自己幻想か対幻想かということはそれほど重要でなかったとしても不思議ではありません。また、吉本の対幻想は拡大家族も含んでいて、一対一の関係に限定されていないようにも思えます。

そこで参照したいのが、フェミニストの社会学者として有名な上野千鶴子氏の論文です。「対幻想論」の初出は一九八二年。上野氏の比較的初期の作ですが、対幻想を一対一の関係として、特にカップル（恋愛関係）に限定して、そこに深い意義を認めようとしています。

一九六八年に吉本隆明の『共同幻想論』（河出書房）が刊行されたときの衝撃を、私はいまだに忘れることができない。吉本はこの書の中で、共同幻想・自己幻想・対幻想という三つの概念を提示した。この概念が画期的だった理由は、第一に、「国家」や「社会」が、果ては「自我」というものさえ、幻想の産物にすぎないことをあばいたことと、第二に「集団と個人」という伝統的な二項対立図式に、「対」という独立した第三項を自覚的にもちこんだことであった。（前掲書）

第一のポイントは、今になればそれほど衝撃的とは思えません。自我についても単純に実体と言えないことは、フロイト以来すでによく考えられてきたことです。また、一九八三年にベネディクト・アンダーソンの『想像の共同体』(*Imagined Communities*)が刊行されたのちは、国家を単純に実体と見ないことは常識化しています。しかし第二のポイント、カップルという意味での対幻想は、今日再び注目されるべき洞察だと思います。では、どうして対幻想を一つの独立した領域として切り出す必要があるのでしょうか。上野氏はこう書いています。

共同体とは、「わたくしのようなもの」の集合のことにほかならない。自己幻想と共同幻想とが、逆立の関係にありながら通底しあうこと、自己幻想は共同幻想からの不断のくりこみについに抗しきれない理由はここにある。自己幻想と共同幻想とは、意識の構造が同型だから、

かんたんに一方から他方へと横すべりしてしまうのである。ここには自己意識の変容《トランスフォーメーション》は認められない。（同前）

自己幻想と共同幻想は激しく対立するようでいて、実は同じ穴のムジナである。あんがい簡単に重なり合ってしまうものだということです。

そこで、対幻想の出番です。人間が生きる領域として「一対一」の関係を別物として切り出す。その対幻想は、自己幻想と違って、共同幻想からの安易な取り込みを許さない。その理由を上野氏は次のように述べます。リード文に引用した箇所です。

しかし対幻想はちがう。他者は「わたくしのようなもの」という類推を拒み、しかも「もうひとりの私」として私と同じ資格を私に要求してくる。異質な他者に同一化しようとすれば、自己幻想はたんなる同心円的拡大を許されない。同型的拡張をおしつけようとするたびに、他者は違和を信号として送り返してくるだろう。（中略）自己幻想から対幻想への過程は、したがって不可逆であり、こうやって一度構造変容した自己幻想は、共同幻想からのとりこみに強い抵抗力を示す。（同前）

吉本自身は、この上野氏の読み方を誤読だと考えていたらしいですが、それは別として、キリスト教がなぜ「一対一」の関係性を重要視するのか、社会学の用語でクリアに説明してくれるように私には感じられます。

たとえば、37で述べた「他人への怖れ」はほぼ共同幻想のレベルにあります。つまり、「〝みんな〟はどう思っているんだろう」という怖れです。それに対して、「自己をしっかり確立すればいいんだ」という考え方、つまり自己幻想の強化で対抗するのは難しい。自己は容易に「みんな」に呑み込まれるからです。しかし、対幻想はそのような呑み込みを拒絶します。それはパートナーが自分を助けてくれるからではなく、対幻想によって自己幻想が不可逆的に変容し、その変容した自己幻想が共同幻想からのとりこみに強い抵抗力を示すからです。

一人のパートナーとの間に、互いに相手を勝手に取り込んだり、取り込まれたりしないで、しかも双方の自己幻想の変容をもたらすような親密な関係を築く。そのような「濃い関係」は不特定多数の間ではなかなか成立しないものです。ここでしっかりした対幻想ができれば、人に対する怖れについても、世界に対する怖れについても、また、自分の統合性（authenticity）への疑惑についても、それを乗り越えて強く生きていくための核となることでしょう。

キリスト者は、このような対幻想の相手として、人間のパートナーとイエス・キリストを重ね合わせて考えるのですが、もちろん人間のパートナーを得るだけでもとても大きな助けになると思います。

43 「共に生きる」とは「助け合う」ことではない

gloria dei, vivens homo（神の栄光とは何か、それは［共に］生きている人間である）

——二世紀の有名な神学者リヨンのエイレナイオス（異端反駁 IV, 20.7）

エイレナイオス（一三〇年頃～二〇二年）は、小アジアのスミルナに生まれ、有名な殉教者ポリュカルポス司教の教えを受け、その後フランスのリヨンで司教になりました。キリスト教神学の根幹を定めた古代の思想家たちを教父《きょうふ》と呼びますが、エイレナイオスは最も重要な教父の一人です。カトリック教会ではアウグスチヌスが最大の教父と目されていますが、彼の業績はダメになった人間がいかにして救われるかという分野にあります。ダメになる以前の人間についての根源的な理解は、エイレナイオスのこの言葉にあるかもしれません。

さて、エイレナイオスの言葉の説明に入る前に、40で引用した「人が独りでいるのは良くない。彼に合う助ける者を造ろう」という創世記の章句の意味を、あらためて考えてみましょう。この「助ける者」という言葉は、新共同訳の日本語聖書で使われているものですが、それでは独りで暮らすことの不都合（物質的、精神的）を軽減するための補助的な存在だという意味合いが強くなります。それは聖書の本旨ではありません。NRSV（New Revised Standard Version）という代表的な英語聖書では、パートナー（partner）という訳語を選んでいますが、この方がはるかに適切です。パートナーという言葉にも現実的に助けを提供するという意味が含まれていますが、それと同時に、すべてを分かち合って共に生きるという意味合いが強く出ます。

つまり、「人が独りでいるのは良くない」のは、一人では不便だからではありません。淋しいからでもない。聖書のヴィジョンでは、人間はもともと共に生きることを本質としているということです。ヘブライ語で「良い」に当たる言葉は、道徳的に良い、機能的に優れていることよりも、「美しい」という意味を強く持っています。つまり、人は共に生きるのが相応《ふさわ》しく美しいのです。

エイレナイオスの印象深い言葉にも、その真実が語られているように思われます。実は、訳文にある「共に」という言葉は原文にはなく、私が文意を考えて付け加えたものです。ラテン語では、gloria dei, vivens homo、そのまま訳すると「神の栄光とは何か、それは生きている人間である」ということになります。

もっとも、天地を創造した神は他の誰かに「偉いぞ！」と褒められたいわけではないから、「神の栄光」よりも「神の喜び」とした方が、もとの文意に近いでしょう。また、homo（人間）はここでは単数になっています。しかし、人間が独りで飛び跳ねたり、大声で歌ったりしている姿が神の喜びになるでしょうか。神が「人が独りでいるのは良くない」と言ったことを考えれば、そうではないように思われます。このhomoは、神が創造した人間の全体を指しているのでしょう。これらの解釈をもとにエイレナイオスの言葉を訳し直すと、こういうことになります。

神が喜びとするものは何か？　それは、神が創造した世界の中で、共に活き活きと生きている人間たちである。

キリスト教の神に馴染めない人でも、「この世界で最も美しいものは、共に活き活きと生きている人間たちである」という言明なら、同意できるのではないでしょうか。

敬虔なカトリックの家庭から出た神父から、こんな話を聞きました。彼の母は信仰の深い人だったそうですが、亡くなる前の願いは、「信仰を守りなさい」でも「ミサには必ず行きなさい」でもなく、「兄弟が仲良く暮らしてほしい」だったと言うのです。母の喜びは、「共に活き活きと暮らす子供たち」だったのでしょう。

共に生きるのは、「助け合う」ためではなく（もちろんキリスト教は助け合いも奨励しますが）、「共に生きること」そのものが人間にとって良いことだからです。結婚の配偶者のことをパートナーと呼ぶ人が多くなっていますが、これも夫婦で助け合うというよりも、共に生きるという面が重視されるようになってきているからではないでしょうか。

44　キリスト教はなぜ結婚を重視するのか

あなたたちは読んだことがないのか。創造主は初めから人を男と女とにお造りになった。（中略）それゆえ、人は父母を離れてその妻と結ばれ、二人は一体となる。だから、二人はもはや別々ではなく、一体である。

（マタイ福音書19章4〜6節）

「人が独りでいるのは良くない」という創世記の言葉は、人間にとって関係性の中で生きることは本質的であると、広い意味に解釈されるべきです（40、43を参照）。しかし、その直後に、女性が造られて、二人は夫婦となったということも見逃せません。つまり、キリスト教は人間の関係性の中で、多数間の関係性（共同体）と同時に、「一対一」の関係性に重要な意義を見出しており、中でも、「男女のカップル」の継続的な関係である「結婚」に特別の意義を認めているということです。42で参照した上野千鶴子氏の論文も、対幻想を「カップル」に限定して、そこに深い意義を認めようとしていますが、これはキリスト教にとっても力強いサポートです。

現代の日本では、ここは注意して物を言う必要のあるところです。ある年齢になっても結婚していない人は、今でも社会や周囲の人々からの「なぜ結婚しないの」というプレッシャーに曝《さら》されています。その圧力をさらに強化することに手を貸したいとは考えていません。キリスト教が「結婚原理主義」でないことは、また項をあらためて説明するつもりです（46参照）。本書がここで説きたいのは、結婚生活の積極的な意義です。それは今の日本では必ずしもよく理解されていないように思われるからです。

いま日本では若者たちが結婚しなくなっています。大人たちは「結婚しないと、病気になったときに困るよ」「子供を産んでおかないと、老後の生活に困るよ」などと言います。しかしそうやって結婚や子育てまで「サバイバルの手段」としてしか考えない貧しい言説が、かえって若い人を結婚や子育てから遠ざけているのではないでしょうか。結婚がサバイバルの手段でしかないならば、別の生存手段さえ確保できれば、結婚する必要はないことになるでしょう。

もちろん、日本社会においても、若者たちを脅すだけではなく、出会いの場を設定する結婚支援や、保育園や育休制度整備などの子育て支援もしだいに強調されるようになっています。実際、非婚の原因の多くの部分は社会経済的なものでしょうから、そのような支援を充実させること自体は私も賛成しています。しかし、人間にとっての結婚生活の積極的な意義が語られることがないと、かえって結婚を経済原理・功利主義で量るような風潮をますます強めてしまうような気もします。

では、キリスト教は結婚することの意義をどう考えているのでしょうか。たとえばマタイ福音書には、リード文のような章句があります。このイエスの言葉はたしかにキリスト者が結婚の意義を説く一つの根拠です。「人間とはこう生きるはずのものだ」という神の創造の意志があり、その本質を深めるように生きるのがキリスト者にとっての幸せへの道だからです。しかし、そう言われたところで、ノン・クリスチャンの方は腑に落ちないでしょう。

そこで私が紹介したいのが小浜逸郎《こはまいつお》氏の『結婚という決意』（PHP研究所）という本です。小浜氏はキリスト者ではありませんが、私の知る限りキリスト教の結婚関連のどの本よりも、深い部分でキリスト教的な物言いをする人だと感じた本です（大変素晴らしい本なので、ぜひ皆さんにも読んで欲しいと思います）。小浜氏は「なぜ結婚をするのか」について、以下のように書いています。

しかし、それにもかかわらず大多数の人々は、この営みのなかに自らを投げ入れてゆきます。そして周囲の人々は、ほとんどの場合、それがかならずしも楽しいことばかりではなく、むしろつらいことのほうが多いということをよく知っているにもかかわらず、そういう投げ入れに踏み切った若い人を祝福しようとします。（中略）おそらく人は、この営みが何であるかを、ある深いところで悟っているのだと思います。そしてその悟りのうえに立って、なお、この営みにある重要な思いを託しているのだといえます。

現代日本はもはや大多数の人が結婚するとは言えなくなっていますが、まだ多くの人は心の奥底ではやはり結婚したいと考えているのではないでしょうか。それは単に外聞を気にしているからでも生活支援を求めているからでもなく、「この営みにある重要な思いを託している」からでしょう。

では、「深いところで悟っている」こととは何でしょう。それは、人間にとって最も美しいことは「共に生きる」ことだという直観ではないかと思います。そして、共に生きることは何よりも結婚生活において凝縮されているという悟りです。これはキリスト教だけが知っていることではありません。しかし、キリスト教はそれを明示的に教え、また支えようとしています。生き延びるためには人の助けが必要だという意味ではなくて、誰かと「共に生きていく」こと自体が、生きることを意味あるものにする。その「共に生きていく」ことは、特に結婚生活において凝縮されると、キリスト教は考えています。

45　知る喜び、知られる喜び

こういうわけで、男は父母を離れて女と結ばれ、二人は一体となる。人と妻は二人とも裸であったが、恥ずかしがりはしなかった。
（創世記2章24〜25節）

創世記2章では、男性（アダム）が造られ、そして女性（エバ）が造られました。男性はたいへん喜んで、「ついに、これこそわたしの骨の骨、わたしの肉の肉」と言います。リード文は、それに続く章句です。

結婚生活をすることの良さとは何でしょうか。生活費を稼ぎ出すことや家事を分担することができる。一日の終わりに、「今日はどうだった？」と、喜びや労苦について話し合うことができる。いろいろ挙げることができると思います。しかし、長い結婚生活の実りとして得る喜びは、結局のところ何でしょうか。創世記の言葉は深いところを言い当てているように思われます。「二人とも裸であったが、恥ずかしがりはしなかった」。何一つ隠すことなく、自分のほとんどすべてを知る相手と共に生きていくことができる静かな喜びです。もちろん、どんな夫婦にも多少の隠し事はあるものかも知れませんが、それでもパートナーを日々深く知り、パートナーによって自分が日々深く知られていくことの喜びは格別でしょう。37で「人への漠然とした怖れ」を扱いましたが、それを穏やかに乗り越える道が結婚にはあります。ここで、また小浜逸郎氏の言葉を引用したいと思います。

結婚生活は、交流の歴史をつくることによって、おたがいにたいする徹底的な「わかり」を蓄積させてゆきます。自分以外の存在に、いちいちことばを介さずに自分をとことんまで「わから れ」てしまうということ、そのことがほんとうによい意味で実現されるならば、人間にある充足感を与えないはずがありません。人間は、もともとたがいに関係しあうことを本質としているからです。（前掲書）

人間の本質は関係しあうことだという指摘はきわめてキリスト教的です。そう言われても、小浜氏は喜ばないでしょうが（笑）。「わかり」を蓄積させていくこと、私はこれをこそ「エロスの喜び」と呼びたいと思います。エロスは、一般社会では性愛と同一視されることが多いですが、プラトン的な意味では「美しいもの」「善いもの」に憧れて、それに近づこうとする情熱です。一方的に憧れながらも、完全に一致することができないので、恋愛はたいてい焦燥に満ちていま す。しかし、それがもっと落ち着いた形になるまで時間をかけて二人で一緒に育てていくことができれば、この人を日々さらに深く知り、またこの人によって日々さらに深く知られていく静かな喜びになるのではないでしょうか。創世記4章には「アダムは妻エバを知った」とあります（1節）。これは長男カインの誕生の記事で、つまり、性の交わりのことです。性が人間同士の交わりの最も凝縮した形であることを考えると、それを「知る」と表現していることにはたいへん深い意味があります。

私たちはパートナーの何を知り、パートナーによって何を知られたいのでしょうか。もちろん日々、この人の善さ、暖かさ、賢明さを知っていく、「こんな良いところがあったのか！」と感じていくことは大きな喜びでしょう。しかし、最も深い静かな喜びは、むしろ欠点も含めて、「この人はこういう人なんだ、なるほど」という納得ではないかと思います。

小浜氏が夫婦げんかについて書いている文章は素晴らしいと思うので、また引用します（長い文章なので中略が多くなっています）。

夫婦げんかはまた、誤解があるからするのではありません。（中略）相手の変わらぬ傾向を、些細な事実のなかに過敏に察知してしまうからこそけんかとなるのです。（中略）夫婦げんかは（中略）おたがいの総体的な弱さ、おたがいの精神的な出自をさらけだし、知り尽くす営みです。（中略）しかし、相手を、その弱さも含めて知り尽くしてしまうと、たんなる好悪のレベルではない、一種の「気がかり」の状態が、ほとんど生理的なところに根づいてしまうようです。相手の存在の、自分へのもぎはなしがたい内在化が起こるのです。（同前）

これは夫婦というものについて私が読んだ文章の中で、最も感銘を受けて納得したものです。自分の中の「どうしても変わらない部分」、それはだいたい世間の普通の評価で言えば欠陥です。それをパートナーによって底の底まで知られて、それでも受け入れられることは、人に深い安らぎをもたらします。

創世記では、神は人間のダメさに呆れて、大洪水を起こしてノア一族以外は滅ぼしてしまおうとします。しかし、洪水が引いて、ノア一族が新しい旅立ちをするために、祭壇の上に捧げものをしたときに、神はたいへんしみじみした感慨を述べます。

主は宥めの香りをかいで、御心に言われた。「人に対して大地を呪うことは二度とすまい。人が心に思うことは、幼いときから悪いのだ。わたしは、この度したように生き物をことごとく打つことは、二度とすまい。地の続くかぎり、種蒔きも刈り入れも、寒さも暑さも、夏も冬も、昼も夜も、やむことはない。」（8章21〜22節）

「人が心に思うことは、幼いときから悪いのだ」という言葉には、怒りでも諦めでもなく、神の人間への深い愛情を感じます。相手の深い問題性を底の底まで知り、それが容易には矯正できないものであることをよくわかった上で、それでも一緒に歩むことを止めない方の言葉です。

46 技芸職能と「共に生きる」

しかし、人はそれぞれ神から賜物《たまもの》をいただいているのですから、人によって生き方が違います。
（コリントの信徒への手紙 一、7章7節）

キリスト教は、人が共に生きることの典型として結婚の意義を説いています。しかし、前にも申し上げた通り「結婚原理主義」ではありません。その証拠に、何より私自身が結婚していない！ カトリックの神父や修道士は独身であるという事実が、キリスト教が結婚以外にも人生の価値を認めている証拠です。

さて、冒頭の言葉は、使徒パウロの言葉です。「賜物」とはざっくり言って、資質とか才能のことです。人それぞれに賜物が与えられているのだから、それを神と人々のために活かすような生き方をするのがよいと言っています。キリスト教は生き方の多様性を認める宗教です。

この手紙で面白いのは、この一文の前にパウロが「わたしとしては、皆がわたしのように独り（独身）でいてほしい」と言っているところです。理由の一つは、パウロが世の終わりはすぐそこまで迫っていると考えていたからです（7章26節）。その時に起こる混乱の中では、義人でさえも大いに苦しむことになる。だから、すでに結婚している人はもちろんそれでいいが、いま未婚の人は結婚しないで身軽のままでいるほうがよいと考えたのです。もう一つの理由は、パウロの個人的な好みです。独身で宣教のために奮闘努力する人生こそ、彼が望んだもので、そういう生き方を人にも勧めたいと思っていたのです。ただ、パウロは自分の志向が誰にでも当てはまるものではないことをちゃんと知っていました。

私は結婚生活を大いに称揚しています（44、45参照）。聖書によれば、人間は「共に生きる」のが良いのであって、結婚生活はその典型だからです。しかし、典型であるとはそうでない生き方もあるということです。典型について知っておくことは、「人間が共に生きる」とはどういうことかを深く理解するのに役立ちます。しかし、自分が結婚するかしないか、つまり典型を生きるかどうかということは、人間の値打ちとは関係のないことです。私は結婚していませんが、自分なりに人間性を開花させることができたと思っています。それが、私にとって開花の道でした。

カトリック教会で聖職者と呼ばれる存在には、神父（司祭）と修道者があります。両方を兼ねる修道司祭も多くいます（私もその一人です）。神父も修道者も、その道に入る時点で、生涯独身の誓いを立てます。途中で辞めて結婚する人はいますが、あくまでも生涯それで生きるつもりで始めます。独身を貫く理由は、神父と修道者で違います。神父が独身である理由は、信者の世話と指導に専念するためということが大きい。家庭生活を知らないために、信者の悩みや喜びが身に染みて理解できないというデメリットもありますが、それでも信者の世話に専念できるメリットを高く評価しているのです。個人生活を犠牲にしたのではなく、「教会共同体」を生涯の伴侶として生きると考えると、結婚生活との平行関係で考えやすいでしょう。神父は教会共同体と徹底的に共に生きる生活の中で、人間としての成熟を深めていくことができます。一方、修道者の独身は、徹底的に神（イエス・キリスト）を伴侶として生きたいからです。カトリック教会の独身制は性的な禁欲に価値を置いていると考えられがちですが、そうではありません。どの関係を本気で生きて深めていきたいかという問題なのです。結婚生活の本質が配偶者以外の異性への禁欲にあると考える人はないはずです。

技芸職能に献身しているうちに、結果的にシングルで生きていく人がいます。私が好例だと思うのは、国語教師現場五十年の大村はま先生（一九〇六〜二〇〇五）です。プロテスタントのクリスチャンで、生涯独身でした。大村先生は「教師とは何であるか」ということの非常に大事な部分を生き方全体で表した人だったと思います。それは教師の本分は「教育の現場の創意工夫」にあるということです。その為には骨身を惜しまないという姿勢を生涯貫かれました。彼女の名言として知られているのは、「熱心と愛情、それだけでやれることは教育の世界にはないんです」。子供たちとゴロニャ〜ンと一緒にいること、それ自体が教師ではないということです。子供に力をつけるための創意工夫を日々積み重ね、その成果を記した本も沢山書き、今でも多くの人に愛読されています。

大村はま先生は、「教育という技芸職能」と結婚したとも言えます。生涯シングルであったことも、わかる気がします。ここには技芸職能への深いエロスがある。あれだけのことを二十四時間考えて工夫していたら、そりゃ結婚する暇はないだろうと思います。ある技芸職能がエロスの対象になるというのは、ひどく非人間的に聞こえるかもしれませんが、そうでもないのです。個々の子供を大事にし、子供たちから慕われた先生です。ただ、先生の愛情は、個々の誰々さんを越えて、「子供」というもの全体と共に生きようとしたんじゃないかと思います。もっと大きく言えば「人類全体」ですね。子供という存在全体と共に生きようとする生涯の中で、大村先生は大きな貢献をするだけではなく、自分自身を深く知っていったのではないか。妻が夫に知られるように、教育という営みによって、「ああ自分はこういう人間だった」としみじみと知っていかれた。それはたぶん先生の豊富な著作の中には書かれていないことです。

哲学者にはこのタイプが多いようです。カントが典型的ですが、独身で哲学や学問をやっていったという人は多い。フリードリッヒ・ニーチェという哲学者は結婚もせず、友だちも少なかったみたいです。最後は狂気に陥りました。しかし、唯の天才的な変人だったかというとそうじゃないと思います。「神は死んだ」と叫んだ彼はヨーロッパの哲学全体をひっくり返したような人でしたが、それを通して「人類全体」(少なくともヨーロッパ人たち)と共に生きようとしたのだと思います。そういう生き方は確かに一つの選択肢です。ニーチェのような業績をあげることができなかったとしても、その献身が本物であれば、生きるに値する人生だと思います。人間にとっては、関係を深めることこそが本質だからです。

47「人を動かす」のはやめる

人にしてもらいたいと思うことは何でも、あなたがたも人にしなさい。これこそ律法と預言者である。

（マタイ福音書7章12節）

いわゆる山上の説教（5章〜7章）の中の章句です。黄金律とも言われ、福音書の教えの要約と呼ばれることもあります。自分の欲求を度外視してでも、他人の欲求に応えることは、どの文化でも立派なこととされます。それ自体として立派であるだけでなく、当の相手に喜ばれる振舞いでもあります。だから、成功哲学書（自己啓発書）でも、それが成功の秘訣として挙げられます。しかし、ここには微妙な罠があり、かえって「共に生きる」ことを腐食してしまう危険があります。

成功哲学の古典に、デール・カーネギーの『人を動かす』という本があります。英語の原書のタイトルを直訳すると「いかに友人を作り、人に影響を与えるか」。まさにその通りの内容で、次のような単純な指針をいろいろな実例を挙げて説いています。

① 交渉相手が必要としていることを察知して、それを与えてあげなさい（自分の趣味の話を聴いてほしい、とか）。

② そうすれば、相手もあなたが望むものを与えてくれる。

なるほどそうだろうと思うし、私もその効果をいくらか経験したことがあります。これを粘り強く実行し続ければ、かなりの確率で成功を収めることができそうな気がします。しかし、同時に問題もあります。

ひとつは、相手が何を望んでいるかを察知して、それに応えることに全力を傾注する人生がはたして幸福なのかということです。時々ならもちろん誰にでも出来るし、それなりの見返りもあるでしょう。しかし、「成功者になる」ことを目標にするなら、一年三百六十五日、一日二十四時間、「この人は何をしてほしいのか」を徹底的に考えなければならないでしょう。保険のトップ・セールスマン（ウーマン）が日々していることを聞くと、保険商品の研究だけでなく、顧客の家族構成を暗記し、記念日には必ず手紙やプレゼントを渡し……とたいへんな気遣いです。それを本当に喜べる資質の人はいいのですが、そうでない人には窮屈で喜びの少ない暮らしになるような気がします。

もうひとつの問題はもっと深刻です。人の欲求を満たすことによって成功しようとすると、「操作的な人間観」というダークサイドに堕ちる罠を含んでいます。マズローのいう欲求の五段階（生理的、安全、所属、承認、自己実現）でいえば、相手の「承認」欲求に応えようとすることが最も危険な領域でしょう。うまく行けば行くほど、「この男はこのボタンを押してやれば、自分の思う通りに動かせる」という操作的な人間観に陥る危険が大きくなります。人間には「人を思い通りに動かしたい」という万能感への欲求もあるからです。たとえば、「人は自分の趣味の話を熱心に聞いてくれる人に好意を持つ」という教えはたしかに当たっています。職場の上司や同僚にそれを適用して、相手を幸福にしてあげて、自分も高い評価を得ることができればウインウインで、良いことばかりのように思えます。しかし、自分の本心を隠して相手の喜びそうな対応ばかりを徹底していくと、いつか相手のことを「これで操作できる程度の人間だ」と冷笑的に見下すことにつながるでしょう。どこまでが正しいマナーで、どこからがダークサイドに堕ちているかは微妙な識別ですが、相手を自分の利益に適うように操作しようとする態度は、キリスト教の「共に生きる」美しさとは似て非なるものです。

リード文の章句に戻れば、自分が「人にしてもらいたいと思うこと」は何かということを、深いレベルでも見る必要があります。「ここをくすぐってやればホクホク喜ぶ人間だ」と思われて、そのように交際されることを、自分は望んでいないはずです。であるなら、人にもそうしないようにしなければならない。論語にも、「己の欲せざるところ、人に施すことなかれ」（衛霊公第十五）という似た教えがあります。

人を承認するのはよいことです。しかし、「自分は承認されたと相手に思わせる」ことを目標にすると、操作的な交際に近づいていきます。褒めて育てるという教育法が明らかに有効でありながら、何か割り切れないものを感じる人がいるのは、操作的なものを感じ取るからでしょう。しかし、本人が「承認された」と思わないと、教育の効果も上がらないわけですから、難しい。やはり常時の心構えが大事です。自分の子供であれ、職場の上司であれ、その人を欲求の塊としてではなく、ひとりの人間として対等に見る目を養い、それを保つことが必要です。尊敬すると言ってもいい。私は「人を愛する」より、「人を尊敬する」という言い方が良いと思うのですが、それは対等感を維持しやすいからです。キリスト教的にそれを言うと、（自分だけではなく）相手もまた「神の子」として見る、交際するということです。

私は自己啓発書が好きでよく読むのですが、時折この「操作的な人間観」が強く滲んでいるものがあって、それを読んだ若者が「共に生きる」道を見失わないか心配になります。もちろん良いこともたくさん書いてあるのですが……。たとえば、私が感心した自己啓発書の教えに、「ビジネスのメールはすぐに返信せよ」というのがあります。発信返信のピッチを短くすれば、互いのテンションが上がり、仕事が楽しくなり、良い結果が出る確率も上がる。これはたしかに真実だろうと感じますが、しかし、すぐに返信することをずっと続けるのは案外に難しいものです。「明日中にもっと具体的な返事します」程度の先延ばしメールでも、億劫に感じることがある。まだいろいろ考えてから決めることができるという浮遊状態を捨てるので、精神に重圧がかかる。逆に言うと、だからこそ、自分の存在が大事なものとして認められていると相手に感じさせることができる。この教えにしても強迫的になりえますが、割合に操作的なものが少ないように思えます。

48 「受ける」ことの意義

イエスに紫の服を着せ、茨の冠を編んでかぶらせ、「ユダヤ人の王、万歳」と言って敬礼し始めた。また何度も、葦の棒で頭をたたき、唾を吐きかけ、ひざまずいて拝んだりした。

（マルコ福音書15章17〜19節）

イエスの地上の生涯は約三十三年と言われています。宗教家として公的な活動をしたのは最後の三年ほどです。その期間のほとんど、イエスは積極的に人々に働きかけています。生き方について教え、病を癒し、弟子たちの誤りを正しました。しかし、その短い生涯の最後の段階、すなわちゲッセマネの園でローマ帝国のユダヤ総督や神殿の警備兵たちに逮捕されてから半日ほどは、もはや人々に「働きかける」（する）ことを止めて、もっぱら人々が自分にすることを「受ける」（される）者となりました。冒頭の章句は、逮捕されてから兵士たちによって退屈まぎれの拷問を受けるシーンです。ヨハネ福音書によると、この後、イエスは十字架にかけられ、差し出された葡萄酒を受けると、「成し遂げられた」と言い、頭を垂れて息を引き取られた。これを「受難

(Passion)」と言います。

しかし、じつはpassionという英語は、「苦難を被る」という意味が中心なのではなく、語源をたどれば、自分のかかわる人や事物が自分にすることを「受ける」のが本義だったそうです。英文法の受動態をpassive voiceと言うでしょう。それと同じです。受けるにあたっては人間は苦痛を意識することのほうが多いので、受難をも意味するようになったのです。他人は自分に苦痛を与えるだけではなく、良いこともしてくれます。実際、「十字架の道行」というお祈りでは、ベロニカという女性がイエスの額の汗を拭いてあげるシーンが出てきます。もうすぐ十字架で死刑にされる人にとって、額の汗を拭いてもらうことは何の解決にもならないかもしれません。それでも、罵りや嘲笑を浴びせられながらゴルゴタの丘へ向かうイエスの苦難の道行の中で、小さな助けを与えてくれる人がいたことは、人の世の美しい部分を感じさせてくれます。

ところで、なぜイエスの最後の言葉は「成し遂げられた」だったのでしょうか。ある学者は、神の救いの計画を全うするために、自分が地上ですべきことはすべてしたという意味だと説明しています。そうだとすれば、その「すべきこと」の中には、イエス自身が罪人たちの手に引き渡され、ひたすら「受ける者」になることも含まれていたのだと思います。「成し遂げられた」という言葉は、「私はすべてを受け終えた」という意味でもある。

さて、現代社会は、人間を、能力や目に見える達成(DO)だけで評価しがちです。しかし、それだけでは世の中は徐々に殺伐としたものになってしまうでしょう。誰もが常に心身ともに健康で、働きかける者でいられるわけではありません。どんな人間でも、赤ん坊の頃は一方的に世話を受ける立場ですし、その後たとえ運よく病気にならなかったとしても、年老いればいつか人の世話にならざるを得なくなる場合がほとんどです。そこでアンチテーゼとして、人間は存在そのもの（BE）に価値があるのだということを強調する人もいます。私も基本的にその意見に賛成ですが、ただもう少し説明を加えたいと思います。

人間は関係性の中に生きているものだから、「DO」と「BE」で分けるのではなく、むしろ「人に対して働きかける」（I DO）と「人の働きかけを受ける」（BE DONE TO ME）という組み合わせで考えた方がいい。なぜBEに価値があるのかと言えば、ただ独りでじっとしているからではありません。何もしていないように見えても、じつは周囲の人の働きかけを受けるという重要な役割を演じているからです。障害のあるメンバーがいる家族が暖かい雰囲気を持っていることがありますが、それはその家族の中で「働きかけること」と「受けること」のバランスがうまく取れているからでしょう。福音書のイエスの姿が教えていることは、人間の人間たるゆえんは、「働きかける」ことだけにあるのではなく、「受ける」ことにもあるということです。

介護の問題は年々深刻になって、多くの人がその負担に押しつぶされそうになっています。介護をする人の負担も重いですが、介護される側も厄介者になってしまったという暗鬱な気持ちになって、それがさらに事態を悪化させることも多いでしょう。しかし、人間の社会は「働きかける」と「受ける」で成り立っていると考えると風景が違って見えます。受ける人がいるからこそ、働きかける人の深い心、美しい心根も顕れることができます。そもそも私たちは「働きかける自分」ばかりを意味あるものとして意識しますが、実は人生のほとんどは「人から何かされる」ことで成り立っています。自分は一人ですが、周囲にはたくさんの人がいるのですから、当然のことです。その相互関係がわかれば、働きかけることと受けることを相対的に捉えることができます。そうすれば、いざ働きかける自分でいることが難しくなった時に、より良き「受ける者」になろうと思えるのではないでしょうか。

人生の困難は、物の見方しだいで解決するというほど生易しくはありません。苦痛はあくまでも残ります。しかし、人の世は「働きかける」と「受ける」で成り立っている。このような物事の大きな構造やパターンを知ることはやはり人生を良くしてくれるものです。キリスト教の役割の一つはそこにあるでしょう。

49　死との向き合い方

神は自ら人と共にいて、その神となり、彼らの目の涙をことごとくぬぐい取ってくださる。もはや死はなく、もはや悲しみも嘆きも労苦もない。

（ヨハネの黙示録21章3～4節）

黙示録は歴史全体の終わりに現れる「神の国」について書かれた文書ですが、個々の人間の死後の世界についての記事として読むこともできます。死後の世界がどういう場所であるか本当のところはわかりません。よく言われることですが、見て帰ってきた人はいません（臨死体験は向こう側へ越えてはいません）。聖書の中には、冒頭の黙示録の章句のような美しい描写がありますが、基本的には「もはや地上の生活のように辛くない」という消極的な規定です。厳しい人生を送ってきた人、また周囲の人々の苦痛を深く感じてきた人にとっては慰めになる言葉ですが、私たちが死後の世界に希望を持つためには、もっと積極的な規定も必要でしょう。

キリスト教の死後の世界についての積極的な規定があるとすれば、「そこは〝あの人〟がいる場所だ」ということです。家族や友人に次々に死なれた人の中には、しだいに死を恐れなくなる人がいると言われます。一つの理由は、親しい人がほとんどいなくなった地上に未練がなくなるからでしょう。しかし、もっと大事なことは、死後の世界を「懐かしく親しいあの人たちがいる場所だ」と思えるからです。

キリスト者にとって、死後の世界はイエスが一緒にいてくれる場所です。また、イエスと共に人生を歩んだ多くの同信の人々がいる場所でもあります。長年強い信仰をもってイエスと共に歩んできた者にとっては、それはただ「そう信じる」というだけの教えではなく、たいへん現実感のあることです。死の淵を越えることは、イエスと共に歩んできた長い旅路の最終段階です。

もっとも、誰もがそのような強い確信を持てるわけではありません。また、そのような信仰生活を送ってきたはずの人にとっても、死はやはり全く未知の体験です。悠々とその淵を越えることができる人は多くはないでしょう。多かれ少なかれ、怖れや動揺があります。死にゆく人にキリスト者が寄添う必要があるゆえんです。

しかし、神父として長年働いていても、重篤の病人の訪問は難しいものです。必ずしも双方が良い時間を過ごしたと満足して終わるわけではありません。死が目前に迫っている相手に何を話していたらいいのか、よくわからないので、気まずさや無力感に悩まされます。訪問などしない方が、お互いに気楽じゃないかとすら思えます。

カトリックの著作家ヘンリ・ナウエン神父の本に、こんなエピソードがあります。神父になるための訓練を受けているジョンが、実習でハリソン氏を見舞うことになります。ハリソン氏は知り合いではないのですが、神父や修道者は元々の知り合いでなくても、病人を訪問することがあります。ハリソン氏は四十代の男性で独身、若い頃から農場労働者として生計を立ててきました。近いうちに手術をするために入院していますが、手術室から生還できない可能性もあり、そのことはハリソン氏も感じています。厳しい信仰観で育てられたハリソン氏は、自分が良い生き方をしてきたと思えないので、死後の世界への展望は暗いものになっています。また、彼は身寄りのない天涯孤独の境遇です。もし手術が成功したとしても、だれも帰りを待っている人はいない。次第に老いていく身体で、再び農場労働の日々に戻るだけのことです。ハリソン氏は、死ぬことにも、回復することにも明るい希望は持てないのです。正直、修行中のジョンには心の重い訪問です。それでもなお、ナウエン神父はこのような訪問に意義があると言います。

過去と未来の空虚さは、言葉によっては決して満たされるものではなく、ただ一人の人間の存在によってだけ満たされるのである。その時にだけ希望が生ずることができ、「だれもない」という彼の不満に対して、僅かな一つの例外があるのだという希望が生じてくる。その希望が、「あるいは、だれかが、私を待っていてくれるかもしれない」と、彼に囁かせるのである。

(ヘンリ・ナウエン『傷ついた癒し人　苦悩する現代社会と牧会者』日本キリスト教団出版局)

ジョンが何を、どういう言い方で言ったかは大した違いをもたらさない。大事なことは、ジョンがそこに一緒にいるということだ。ジョンが「ハリソン氏が見、手で触れ、匂いを嗅ぎ、耳で聞き、「ハリソン氏にとって」その現実の存在をどうしても否定し得ない人間」であることが必要だとナウエン神父は言うのです（［　］内は引用者注）。

キリスト者にとって、死後の世界で待っていてくれる「だれか」とはイエス・キリストです。死にゆく人にその希望を伝えるのは、この世に命ある者の務めです。たとえ親しく付き合ってきた相手でなくても、また挙措動作や言葉がぎこちないとしても、自分に対して善意を持っている生身の人間が、いまここに「一緒にいてくれる」。そのことが、死にゆく人に「もしかしたら神の国でイエスが待っていてくれるかも」という希望を抱かせるのです。

死にゆく信者のために、カトリック教会が行う最後の儀式を「最後の糧《かて》」といいます。ラテン語でヴィアティクム（viaticum）、「ともに行く旅路の糧」という意味です。イエスが、死という淵を越える最後の旅も一緒に歩んでくれることを示しています。儀式の結びの祈りはこうです。

祈りましょう。
いつくしみ深い父よ、
キリストのことばを信じ、今、天の糧に養われた◯◯を、
光といのちに満ちたあなたの国に導いてください。
わたしたちの主イエス・キリストによって。アーメン。

50　旅の到着地

主はアブラムに言われた。
「あなたは生まれ故郷
父の家を離れて
わたしが示す地に行きなさい。……」
アブラムは、主の言葉に従って旅立った。
（創世記12章1～4節）

アブラムは、後のアブラハムのことです。中近東のウルという町に住んでいましたが、神からの呼びかけを受けて、旅立ちました。イスラエル民族の旅路の最初に発つ人物です。キリスト者の旅路の最初に発つ人物でもあるということになります（6も参照）。

「はじめに」では、キリスト教信仰を、ロードムービーのイメージで要約しています。『幸福の黄色いハンカチ』もそうであるように、ロードムービーの旅はたいていい目的地を持っています。本当のところ、そこに何があるかははっきりとわかっていない場合も多いのですが、彼らはある場所を視野の中に置いて、そこに向かって旅をします。アブラハムの場合、まずカナンの地に向かいますが、最終的な目的地がどこであるかはわかっていません。旅路は彼一代では完結せず、イサク、ヤコブと引き継がれていきます。しかしそれでも、ただあちこちをウロウロしながら暮らしているわけではないのです。神が「わたしが示す地」というその場所が、旅路の終着点としてあることははっきりと意識されています。

日本でも人生をよく旅にたとえますが、はるか遠くの目的地を見定めるという感覚は薄いように思います。日本文学の伝統の一つは、旅を続けながら、見るもの聞くものにつけ感慨にふけり、それを作品として表現することです。それは宗教に近い営みでもあります。西行（一一一八～一一九〇）は日本中を旅して、「風になびく富士の煙の空に消えて　ゆくへもしらぬわが思ひかな」（新古今和歌集）のような名歌を詠みました。自分の感慨を深め、歌を詠むこと自体が彼の生涯の意義だったでしょう。芭蕉（一六四四～一六九四）の「奥の細道」は陸奥《みちのく》の歌枕を訪ねる旅ということになっていますが、それは旅の口実で、本当は旅をしながら句を詠むこと自体が目的のように思えます。「予もいづれの年よりか、片雲の風にさそはれて漂泊の思ひやまず、海浜にさすらへ……」（奥の細道）。このような文学の伝統は昭和の種田山頭火（一八八二～一九四〇）にも受け継がれます。こういう生き方は日本人にとってたいへん魅力のあるもので、日本人の男性の多くは「山頭火願望」を持っているという人もあるくらいです。私も家族にキリスト教の修道者になると告げたとき、「つまり山頭火みたいになりたいんだな」と、さもわかったように言われて心外な思いをしました（笑）。

日本の宗教的な伝統や感性とキリスト教のそれに共通する部分があることは事実で、それを知るのはキリスト教を理解する上でよいことです。しかし、決定的な違いもあります。日本的な感性に引きつけすぎると、キリスト教のキリスト教たる大事な特色が見えなくなります。内村鑑三が、豪放磊落な人物は日本人の理想像かもしれないが、キリスト教の理想像とは違うと強調したのはそのためです（25を参照）。キリスト者には「男はつらいよ」が好きな人が多くて、私自身も、フーテンの寅さんにイエスを重ね合わせて言及しました（34を参照）。しかし、寅さんの旅には最終目的地はありません。彼は人と出会い、意義深い交流をして、その人生に影響を与えますが、「遇うは別れのはじめ」です。すぐに旅路は分かれて、寅さんは貴重な「思い出」になります。キリスト者にとってのイエスは、ある時期に出会って、素晴らしい思い出を残してくれた人物ではありません。最後までずっと一緒に旅を続ける伴侶です。

キリスト教にも「巡礼」と呼ばれる習慣がありますが、この日本語は pilgrimage の適切な訳語ではありません。四国巡礼はたしかに寺を巡りますが、典型的なキリスト者の巡礼は目的地のある一方向の旅です。近年人気が高まっているサンチャゴ巡礼の旅はフランスとスペインに出発地があります。そして、スペインの大西洋側にあるサンチャゴの大聖堂というはっきりとした目的地を目指して、八〇〇キロの旅をします。ローマやイスラエルの聖地を訪れる巡礼（pilgrimage）は、現代ではいろいろな聖堂を見て回る「巡覧」という気がしますが、古代や中世では遠い目的地を目指す長い旅のことでした。キリスト教でこのような旅が重んじられるのは、キリスト者の信仰の旅路の雛形だからです。目的地があり、道連れがあります。道連れは一義的にはイエス・キリストですが、広く取れば同信のキリスト者たちでもあります。それをカトリックでは「地上を旅する教会」と呼びます。
「はじめに」の要約に、「旅路の終着点は、『神の国』と呼ばれる」と書きました。しかし、前項でも触れた通り、旅路の終着点がどこにあり、どういう場所なのかははっきりとは知らされていません。イエスと共に歩みながら、しだいに「私たちが目指しているのはこういう場所かもしれない」と悟っていくものです。とは言っても、キリスト者の旅路は漂泊の旅ではありません。終着点が、この世の争いや労苦から解放される場所であるということははっきりしていますし、その存在はイエスと共に人生を歩む中で常に意識されています。イザヤの預言にはこうあります。

わたしの聖なる山においては
何ものも害を加えず、滅ぼすこともない。
水が海を覆っているように
大地は主を知る知識で満たされる。
（イザヤ書11章9節）

ノン・クリスチャンの方に、このような表現をいくら掲げても、あまり心に訴えかけはしないかもしれません。しかし、この本まるまる一冊分私の話にお付き合いくださったみなさんは、少なくともその生活世界の端っこにイエスという存在が入っているのではないかと思います。もし旅の到着地がどんな場所で、どうすれば辿り着けるのか気になった方がいらっしゃれば、ぜひ人生の旅路で起こる一つひとつの出来事をそのイエスと共に語り合いながら、答えを探し求めていただければと思います。

おわりに

新しい世界を見せてくれた存在

キリスト教信仰においては、「イエスと私」の関係、「人と私」（一対一）の関係が循環しながら深まっていきます。私はこの本を書きながら、若い頃親密に交際したひとりの友人がいかに私のキリスト教信仰に影響を与えてきたかをあらためて知りました。

その友人は早世しましたが、私とはとても話が合う人でした。いつからその人が「私の世界」に入って来たか思い出せないのですが、とにかく最初は「なんか変な人がいるな」と思っていました。相手は「こいつの言うことは許せないぞ」と思っていたそうです（笑）。

だんだんに調子が合うようになって、主に文学や映画の話をしました。ニーチェやハイデッガーといった哲学者、西欧の音楽美術、歌舞伎落語とかの日本の伝統芸能、ロック・バンドの評判まで、何でも話しました。馬が合うというのは、「それそれ、そうなんだよ」と共感する部分と「私はそうは思わないね」と賛成しない部分の比率が最適化しているということなのでしょう。その人は、話していて楽しかっただけでなく、私に新しい世界を見せてくれました。その人と交際しなかったら見えなかった世界です。私は私なりに文化的な関心があるのですが、それはほぼ言葉を使うジャンルに限定されていました。音楽ならオペラだったり歌謡曲だったり、歌詞があるものです。その人が私に教えてくれた文化の世界は、言葉を用いないジャンルでした。一つは、料理の世界です。私はもともと食事にはほとんど関心の無い人間ですが、その人は私をよくフレンチとかイタリアンのフル・コースに誘ってくれました。「あなたはこういう世界も知る必要がある」みたいなことを言ってね。

一緒にテーブルに座ります。ウェイターが注文を取りに来ます。すると、友人がメニューを開いて、ウェイターの人と話しながら注文を決めていく。「これはどういうものですか」とか「今日はこういうものがあるんですね」とか、そういう話を楽しそうにしながら決めていくんですね。すると、最初はビジネスの顔をしていたウェイターの人がしだいに嬉しそうな顔になってきます。つまり私の友人の質問やコメントは、たいへんものの分かった人の言葉だったのでしょう。プロのウェイターたちは、お金を払ってくれる客なら誰でも同じなのではなく、やはり料理のことがよく分かる人にサービスしたいという気持ちがあるのだと思います。でも、そういう客はあまりいない。だから、友人が機嫌よく、的を射た言葉を挟みながら注文してくれると嬉しいのでしょう。ウェイター氏の顔がだんだん花が咲くように自然な笑顔になっていくのを見て、私も嬉しかった。料理もまた神が与え給うた人類の文化の一つであって、立場は違ってもそれを本当に享受している人たちがここにいる!

キリスト者は「貧しさ」ということに思い入れがあります。ひとつは社会倫理的な理由です。

困窮している人々と連帯しようとするなら、自分がぜいたくしているわけにはいかない。もうひとつの理由は宗教的なものです。物をたくさん持っているのはぶくぶく厚着をしているようなもので、神自身に自分の体で触れることを妨げることが多いからです。しかし、こういう配慮は物質的な豊かさへの一方的な偏見にもなります。その友人と交際しなければ、私もその偏見に染まっていたでしょう。世界に貧しい人が沢山いる中で、一人あたり数万円の食事をすることが無条件に良いことだと言うつもりはありません。富の偏在ということは確かに考えるべきことです。しかし、かといって、料理の世界に神からの良きものがあるということを認めず、目の敵にするのは間違いだと思います。その友人が本当に楽しそうにウェイター氏と話しているのを見て、「これはこれで、たしかに神の造られた一つの世界、良きものだ」とわかりました。

キリスト者にはモーツァルトが好きな人が多くて、「モーツァルトは神だ！」と思わず叫んで物議を醸した神父がいるくらいですが、モーツァルトの音楽が神の世界の豊かさを思わせるものであるとすれば、そのような料理もあるのだと思います。私はそれが分かった気がするので、高級レストランで食事をする人を、それだけで「ふん、格好つけやがって」と見下すようなことはしなくなった。それでは神が創造された世界を狭めてしまうことになる。文化はだいたいお金のかかるものなので、貧しさに価値を見出すキリスト教信仰との関係には簡単には割り切れないものがあるのです。モーツァルトの音楽だって、十八世紀のぜいたくな貴族社会なしにはあり得ない芸術です。

こういうことは、説教や講話で教えられても、なかなか分からないことです。その友人も私にそういう教えを垂れたわけではありません。ただ、この友人と長い間付き合って、一緒に行動して何となくわかるようになった。本当のところ、私は今でも料理の味そのものの良し悪しははっきりと分かりません。ただ、その友人と付き合うようになって、現実を見る目が広く深くなり、神が創造された世界の広大さと奥深さを認めることができるようになった。

それじゃ、いけないんじゃないの?

この友人は私に料理や絵画という新しい世界を見せてくれましたが、その一方で私にしつこいくらいにチャレンジしてくる人でした。私の生き方に気に入らない部分がいろいろある。たとえば、私は「話の合う人だけを相手にしたい」という傾向を強く持っています。私の話に興味があるわけではなく、たまたまやむを得ずそこに座っているような相手(宗教の授業の生徒たちなど)を、あの手この手でなだめたりすかしたりして、何とか話を聞かせようという気はあまりない。逆に、聞く気のある人が相手なら時間も手間も惜しまないのですが。

その友人は、私のこの傾向がたいへん気に入らなかった。自身が子供のころから非常にユニークで頑固なところがある人だったので、学校などで仲間外れにされることが多かったらしい。だから、私が「話のわかる、やる気のある人を相手にしてやっていきたい」というふうなことを言うと、必ず突っかかってきました。「それじゃいけない」と言うんです。しかも、しつこい。なかなか放免してくれない。

友人の言っていることは一般論としては正論です。しかし、私は人にはそれぞれの生き方があるという思いを強く持っています。人から型にはめられたくない。それに対してはできるかぎり抵抗してきました。でも、友人はそれがとても気に障った。しょっちゅう突っかかってくる。楽しくオペラの話をしていたのが、急に険悪になってきて、私を攻撃し始める。三回、私から絶交宣言を発しました。私には私の生きる方針がある。それをあなたが気に入らないのなら、もう会う必要はありません！

それで、しばらく会わないでいるんですが、しばらくするとまた、なんとなく会って、なんとなく話すようになっている。二人の間では、どちらが正しいかだけが問題なのではなかった。つまり情愛があったんでしょう。「あなたのそういう間違った傾きを正してあげるのは、私の役割だと思う」みたいなことをシレッと言う。もう苦笑いするしかないです。

私は今でも、「仕事をするなら、やる気のある人を相手にしたい」という志向性を根強く持っています。誰とでも全方位的に交際する人になったとはとても言えない。しかし、その友人と付き合ううちに、自分の傾きを、かなり客観的に見られるようになった。そして、ある場合には、自分の傾向とは違うふうに行動するようになりました。大義があると思ったときは、いかにも私と相性の悪そうな人と一緒に仕事をすることもあります（だいたい失敗しますが）。しかしそれは、その友人が言ったことが正しいと思ったから、それに従ったというのとは違います。もちろん、一理あると認めたという面もあります。しかし、人間の生き方の根本を変えるのは、正しさとか理屈ではなく、「善き人との関係性」そのものが持つ力によるのだと思います。

その友人は、その人と付き合わなければ知ることがなかったであろう世界（文化）の奥深さを私に見せてくれました。また、私が持っている根深い問題性を指摘して、それをいくらか修正してくれたと思います。言っていることが正しいので、「恐れいりました、そのようにいたします」というのではない。互いの情愛があって、長い時間をかけて付き合うことそのものによる変貌です。

循環しつつ深まる

ひとりの友人との交際が私に与えた深い影響について書いてきました。しかし今あらためて考えると、私がこの交際の意義に気が付いたのは、キリスト者になったからだと思います。私はイエスにも、「私は私だから仕方がないんじゃないでしょうか」みたいなことも言う。すると、幻聴が聞こえるというふうには思ってもらいたくないんですが、何かがイエスから返ってくる。「それではいけない」という叱責ではなくて、「そうとばかりは言えないんじゃないかな」みたいな穏やかな反応です。それで私がすぐに生き方を変えるかと言えば、そんなことはないのですが、それでもゆっくりとそちらへ舵を切っていくことはあったような気がします。そういう経験があるので、その友人との間でも同じようなことが起こっていたことに気が付いた。

同時に、逆もまた然りで、私はその友人との長い交際を通して、イエスと自分の間に起こっていることにも気が付くようになりました。「はじめに」でした要約は、この交際なしには決して達しなかったでしょう。これはまさに循環としかいいようのないもので、どちらが先に始まったのかわかりません。人生の実相への深まりは、循環の中にあることが多いように思います。

結婚生活を再評価する

本書の目的の一つは、キリスト教信仰の良さを、「イエス・キリストとの一対一の関係」という切り口で提示することでした。遠藤周作や宮沢賢治、吉本隆明や上野千鶴子など、日本で広く読まれている書き手の著述も援用して、キリスト者でない人にも何が言いたいのかを理解してもらえるように努めました。「こういう生き方もあるのか」と思ってもらえれば幸いです。

もう一つの目的は、現代日本で結婚生活の意義を再評価することでした。日本の社会経済が難しい状況にあるという認識はほとんどの人に共有されていますが、その解決は政治改革とか市民運動、あるいは地域おこしなどに求められています。私はもちろんそれに反対ではありませんが、そのような努力は壁に突き当たっているような気がします。弱音を吐くわけにはいかないから、みんな勇ましいことを言いますが、本当のところは、どこか「どうせたいして変わらないだろうけれど」という諦めがにじんではいないでしょうか。そうであれば、ここらで一度視点を転換して、結婚生活という「一対一」の関係を改めて見直し、その関係を深めつつ生きるように努めてみてはどうかと考えたのです。これは私生活への逃避ではありません。二人の私生活に足場を据えて、政治や地域に関わっていくという方向性を提示したいと思ったのです。この人生は生きるに値するものだという確信があって、はじめて政治や社会の仕組みを良くすることに意味を見いだせるのではないでしょうか。

カトリック教会は結婚を重視すると言ってきましたが、今では教会でも結婚の意義が語られることは少なくなっています。その一方で、政治や社会のことの方は、ますます熱心に語られている気がします。それは結婚していない人たちにプレッシャーを与えたくないという配慮からも来ているのでしょうが、「気にする人がいるといけないから」という理由で、本当に大事だと思うことについて語らなくなるのはたいへん良くないことだと思います。ヨハネ福音書には、イエスがカナという町で結婚式に参加して、宴会に奇跡的な形でぶどう酒を補充して、喜ばれたという記事があります。そして、こう書いています。

イエスは、この最初のしるしをガリラヤのカナで行って、その栄光を現された。（2章11節）

イエスの地上での働きの始まりが、説教でもなく、病気の癒しのような問題解決でもなく、結婚という喜びにさらに喜びを加えることであったということは意義深いことだと思います。

謝辞

小浜逸郎さんにお会いしたことはありませんが、ご著書の『結婚という決意』からはとても大事なことを教えられました。本書執筆の大きな助けになっただけでなく、私自身の信仰理解も深まりました。

編集者の三辺直太さんは、私が書いた雑多な原稿と、これまでに出版した本を熟読して、新潮選書にふさわしい形を与えてくださいました。お二人に感謝します。

本書は書き下ろしです。

新潮選書

キリスト教《きょう》は役《やく》に立《た》つか

著　者……………………来《き》住《し》英《ひで》俊《とし》

発　行……………………2017年4月25日
6　刷……………………2023年9月15日

発行者……………………佐藤隆信
発行所……………………株式会社新潮社
〒162-8711 東京都新宿区矢来町71
電話　編集部03-3266-5611
読者係03-3266-5111
https://www.shinchosha.co.jp
印刷所……………………錦明印刷株式会社
製本所……………………株式会社大進堂

乱丁・落丁本は、ご面倒ですが小社読者係宛お送り下さい。送料小社負担にてお取替えいたします。
価格はカバーに表示してあります。

ISBN978-4-10-603800-6 C0316